문스타 캠핑테이블

CAMPING
COOKBOOK
4 Seasons

문희정 지음

다독
다독

캠핑의 모든 순간은 결국 요리로 완성된다.

저에게 캠핑은 익숙한 일상에서 벗어나 자연 속에서 스스로를 돌아보는 시간입니다. 살랑이는 바람, 한 줄기 햇살, 풀벌레 소리 하나하나에 귀 기울이며, 자연이 주는 소중한 순간들을 통해 만족과 감사를 배웁니다.

무더운 날, 그늘로 의자 하나 옮기는 작은 움직임만으로도 시원함이 선물처럼 다가옵니다. 갑작스러운 폭우에 온몸이 흠뻑 젖었다가도, 맑게 갠 하늘 아래 따사로운 햇살을 마주하면, 평범했던 안락함이 새삼 고맙게 느껴지곤 합니다. 자연은 욕심을 내려놓고, 결핍을 충만함으로 바꾸는 법을 조용히 일러 줍니다. 그 속에서 단순히 쉬고, 먹고, 자는 데 집중하다 보면, 오롯이 나 자신과 마주하는 시간이 점점 더 또렷해집니다.

이 모든 순간을 특별하게 만들어주는 건 바로 '캠핑 요리'입니다. 일상 속 요리는 늘 시간에 쫓기기 마련이지만, 캠핑에서는 다릅니다. 타오르는 장작불 앞에서 천천히 음식을 만들고, 그 맛을 함께 나누는 시간은 단순한 식사를 넘어, 함께하는 사람과의 기억으로 남습니다. 캠핑 요리는 그저 배를 채우는 행위가 아니라, 캠핑의 즐거움을 완성하는 핵심입니다.

저에게 요리는 일이 아닌, 습관이자 삶의 일부입니다. 푸드디렉터로서, 또 아내이자 엄마로서 저는 매일 음식을 만듭니다. 실내에서는 익숙한 방식으로, 캠핑에서는 불과 도구를 다양하게 활용하며 새로운 즐거움을 발견하죠. 날씨와 온도, 분위기에 어울리는 메뉴를 떠올리고, 그 순간 가장 잘 어울리는 음식을 완성해 가는 과정은 언제나 저를 설레게 만듭니다.

캠핑을 준비할 때 가장 큰 고민은 늘 "이번엔 뭘 해 먹을까?"입니다. 그날의 기분, 날씨, 함께하는 사람에 따라 요리는 매번 다른 얼굴을 하고, 그런 작은 선택들이 모여 캠핑의 하루를 더 특별하게 만들어 줍니다. 그래서 저는 오랜 시간 고민하고, 기록해 왔습니다.

『문스타 캠핑테이블』은 캠핑 요리를 쉽고 특별하게 즐길 수 있게 구성했습니다. 초보자도 부담 없이 따라 할 수 있는 밀키트 요리부터, 간단하지만 자꾸 손이 가는 안주와 스낵, 분위기를 한층 살려주는 바비큐와 부시크래프트 스타일의 요리까지, 현장에서 쌓아온 저의 모든 경험을 담았습니다. 계절마다 직접 다녀와 좋았던 캠핑 명소도 함께 소개해, 요리와 여행의 즐거움을 모두 느낄 수 있도록 했습니다.

이 책이 여러분의 캠핑을 더 맛있고, 더 행복한 경험으로 만들어 주길 바랍니다.

_문희정

캠핑에는 언제나 사람과 요리가 있다.
함께하는 순간이 맛이 되고, 추억이 된다.

캠퍼를 위한 요리 도구 베스트 12
캠핑 스타일 가이드 | 1. 와일드 웨스턴 캠핑 14 | 2. 부시크래프트 캠핑 18 | 3. 팩래프팅 24 | 4. 카누 백패킹 28

PART 1 p.32
고기

토마호크 36
깐풍 소스 등갈비 튀김 38
알배추 우대 갈비 42
차돌 관자 미나리 삼합 44
고추장 삼겹살 대파구이 46
죽통 명란 수육 48
우삼겹 굴 소스 볶음밥 50
주꾸미 삼겹살 52
양갈비구이 54
닭다리 양념구이 56
뵈프 부르기뇽 58
반합 샤부샤부 62
소고기말이 된장 전골 64
김치 돼지고기 토마토 스튜 66
삼겹살 배추찜 68
삼겹살 김치말이 찜 70
돼지고기 고추장찌개 72
매콤 간장양념 닭볶음탕 74
김치 닭한마리 칼국수 76

PART 2 p.78
생선&해물

청양 살사 연어 튀김 82
해산물 유자 폰즈 구이 84
생선구이(부시크래프트 쿠킹) 86
가리비 해산물 스튜 88
명란 알 아히요 90
오이스터 알 아히요 92
미나리 봉골레 파스타 94
홍합탕 라면 96
빠에야 98
참외 광어 세비체 102
연어 스테이크 샐러드 104
레몬드레싱 문어 새우 컵 샐러드 108

PART 3 p.110
밥&빵

봄나물 주먹밥 *114*
훈제 오리구이 연잎 쌈밥 *116*
명란구이 냉이 솥밥 *118*
토마토 스테이크 솥밥 *120*
문어 톳 솥밥 *122*
토르티아 햄버거 *124*
고추장 불고기 타르타르 피타포켓 *126*
잠봉 바게트 샌드위치 *128*
길거리 토스트 *130*
클럽 오픈 토스트 *132*
스페니시 오믈렛 토스트 *134*
그릴드 화이타/타코 *136*
사과 팬케이크 *140*

PART 4 p.142
분식

가지 롤라티니 *146*
타코야끼 *148*
차돌 누들 떡볶이 *150*
꽃게 어묵탕 *152*
쿠시가츠(모둠 꼬치 튀김) *154*
매콤 치즈딥 새우 나초 *156*
스팸 감자전 *158*
납작만두 깻잎전 *160*
굴파전 *162*
쪽파 크림치즈 연어 플래터 *164*
마시멜로 호떡구이 *166*
뱅쇼 *168*
스모어 쿠키 *170*
딸기 산타 *172*
깡바리 토마토 미니 카프레제 *174*
버라이어티 샐러드 *176*

Moonstar's Pick | 봄 캠핑 명소 *178* | 여름 캠핑 명소 *196* | 가을 캠핑 명소 *208* | 겨울 캠핑 명소 *224*

캠퍼를 위한 요리 도구 베스트

스테인리스 캐니스터
오일이나 액체 양념 보관 용기. 밀폐력과 세척이 용이한 키녹스 제품 추천.

유리 밀폐용기
소금, 고춧가루 등 자주 쓰이는 양념은 냄새 배임과 변색 우려가 있는 플라스틱 용기보다 온도와 습도에 강한 유리 밀폐용기가 좋다. 세척을 위해 입구가 넓은 것 추천.

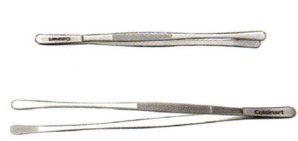

집게
긴 것과 짧은 것. 가벼우며 핀 끝이 잘 접히는 심플한 디자인이 좋다. 홈이 많으면 음식물이 끼어 세척이 번거롭다. 쿠진아트 집게 추천.

니트럴 장갑
손을 자주 씻기 어려운 환경이므로 생고기·생물 등을 손질할 때는 위생을 생각해 장갑을 사용한다.

슬라이드 가스 토치
작고 휴대성이 좋아 점화용으로 활용하기 좋다. 부탄가스 충전식으로 영구 사용 가능하며 버너·랜턴·캠프파이어 점화에 용이하다. 길이 조절 가능한 소토 라이터 추천.

고체연료
고체연료는 밥 짓기나 국물 요리를 데울 때 15~20분 지속되며, 자동으로 꺼져 불 조절이 필요 없다. 화목난로·장작불 착화제로도 활용 가능하다.

배달 음식 일회용 소스
배달 음식과 함께 오는 일회용 소스를 모아두었다가 캠핑 시 활용하면 편리하고 유용하다.

밀폐용기
채소는 씻어서 먹기 좋은 크기로 손질해 밀폐용기에 담아 가는 것이 좋다. 상온에서 금방 시들기 쉽고 아이스박스에 구매한 봉지째 넣어 가면 얼 수 있다. 손질이 어렵다면 씻어서 키친타월로 감싸 밀폐용기에 넣어 간다.
미리 양념된 재료나 육류 시즈닝 등 조리 직전 상태로 준비된 음식은 뚜껑이 있는 사각 스텐용기에 담아 간다. 현장에서 밀프렙을 한 뒤 뚜껑을 닫아두면 날파리나 먼지로부터 안전하다. 스테인리스 제품은 외관상 캠핑과 어울리면서 인도어 아웃도어 모두 사용 가능한 제품을 선택해야 활용도가 높다. 투명한 프리파라 트라이탄 밀폐용기, 뚜껑 밀폐력이 좋은 사각 스테인리스 용기는 바켄 제품을 추천.

대형 우드 도마
무게감은 있지만 세척을 바로 할 수 없는 상황에서 재료를 구분해서 손질하기 좋으며, 고기 요리나 다양한 재료를 곁들일 때 플레이팅용으로도 활용할 수 있다.

키친 툴 메시 케이스
가위, 집게, 칼, 수저 등 요리 도구를 한 곳에 보관하기 좋다. 오염된 상태로 가져와도 세척이 쉽고 잘 마르며, 깨끗이 씻은 도구들을 챙겨오기에도 좋다.

경량 스테인리스 접시 세트
활용도가 높고 가벼우며 관리가 쉬워 오래 사용 가능하다. 재료 손질용 보조 접시로도 유용하다. 스노우피크 테이블웨어 세트 추천.

경량 그릴
얇고 견고하며 심플한 그릴로 휴대성이 좋다. 직화구이, 냄비·팬 거치대, 튀김 플래터 등 다양하게 활용 가능하다. 부시랩 부시그릴 추천.

고체연료 미니 밥솥
고체연료에 불을 켜 두었다가 타고 난 뒤 10분가량 뜸을 더 들이면 밥이 완성돼 초보자도 쉽게 밥을 지을 수 있다.

스테인리스 소스 볼
반찬, 소스, 양념을 담기 좋으며 관리가 쉽다.

서빙 스푼
손잡이가 길고 술바닥 크기가 커 볶음 요리, 국물 요리, 서빙 시 활용도가 높다. 직화로 요리 시 손잡이가 뜨거울 수 있으므로 긴 나무목 서빙 스푼을 추천한다.

휴대용 소화기 & 방염 매트
야외에서 불을 피우고 조리할 때는 항상 안전에 유의해야 한다. 바람이 불어 불씨가 주위에 옮겨붙을 수 있으므로 소화기는 필수. 직화나 테이블 위에서 버너를 이용할 경우에도 주변에 타지 않는 소재의 방염 매트를 깔아주면 화재 예방에 도움이 된다.

미니 사각 도마
미니멀 캠핑이나 간단한 캠핑에 유용하며, 플래터로도 활용 가능하다. 한쪽에 홈이 있어 걸어두기에도 좋다. 장스목공방 미니 사각 도마 추천.

플라스틱 와인잔
받침대가 컵 안에 쏙 들어가 휴대하기 좋고, 오염 방지와 부피 절감에 유리하다. 친환경 소재로 깨질 위험이 없이 오래 사용할 수 있다.

실리콘 팩
남은 재료를 보관하거나 패킹할 때 유용하다. 국물 요리나 김칫국물 등 물기가 많은 식재료를 보관하거나, 남은 자투리 채소를 모아 오기에도 좋다.

캠핑 스타일 가이드 1

"서부 개척자의 감성을 만끽하는 리얼 아웃도어 체험"

와일드 웨스턴 캠핑 Wild Western

와일드 웨스턴 스타일 캠핑은 단순한 야외 숙박을 넘어, 마치 1800년대 서부 개척자로 살아보는 특별한 체험이다. 미국 서부 영화에서 보던 카우보이모자, 가죽 재킷, 스웨이드 부츠가 현대 캠퍼들의 스타일링으로 재해석되며, 그 자체로 분위기를 완성하는 멋스러운 포인트가 된다. 특히 빈티지 스타일의 캔버스 텐트나 티피 텐트는 '여기, 진짜 미국 서부다'라는 착각을 일으킬 만큼 감성을 극대화한다.

캠프파이어 위, 철판 그릴에 지글지글 구워내는 스테이크, 더치 오븐에서 푹 끓여내는 스튜가 이 캠핑 스타일의 화룡점정. 거친 숲 한가운데서 즐기는 아메리칸 정통 요리의 맛은 웬만한 캠핑 요리와는 비교 불가다.

하지만 웨스턴 감성에 흠뻑 취해도 한국인의 입맛은 절대 포기할 수 없는 법. 캠핑이 끝나갈 무렵, 남은 스페어립을 훈연해 묵은지와 함께 졸여낸 '웨스턴 김치찜' 한 냄비는 그야말로 퓨전요리의 끝판왕이다. 스모키 향의 바비큐와 푹 익은 묵은지의 조합은 그 어떤 요리보다 강렬한 한국인의 엔딩 요리다. 자연과 하나가 되는 와일드 웨스턴 캠핑, 그리고 마지막 한 숟가락까지 책임지는 김치의 마법. 꼭 한 번 경험해 보길 추천한다.

캠핑은 여행을 넘어, 자연과 더 가까이 이어지는 시간이다.

캠핑 스타일 가이드 2

"최소한의 도구로 자연과 공존하며, 생존 기술을 익히는 짜릿한 도전"
부시크래프트 캠핑 Bushcraft

부시크래프트는 단순히 자연 속에서 쉬는 게 아니라, 자연과 '함께 살아가는 법'을 배우고 익히는 캠핑이다. 최소한의 도구만 가지고 야생에서 자급자족하는 법을 배우다 보면 도전하는 재미와 성취감이 자연스레 따라온다.

부시크래프트의 핵심 기술
불 피우기: 부싯돌과 강철로 스파크를 일으켜 불꽃을 만든다. 마른 부싯깃에 불을 붙이고, 자연의 힘을 빌려 불을 지피는 이 과정은 원시적이지만 그 어떤 첨단 장비를 사용할 때보다 신비롭고 짜릿하다.

쉘터 만들기: 부시크래프트 캠핑에서 중요한 요소 중 하나. 군용 A텐트나 타프를 활용해 추위와 비를 막을 수 있는 잠자리를 만든다. 주변 자연물을 이용해 그때그때 창의적으로 꾸미는 것도 묘미다. 불편함 속에서 찾는 편안함, 그게 진짜 부시크래프트 감성이다.

식량 확보: 자연에서 식재료를 찾는 과정도 중요하다. 산나물 채집부터 낚시, 때론 간단한 덫을 이용한 사냥까지. 손에 쥔 식재료 하나가 얼마나 값진지, 직접 경험하며 배운다.

물 정화: 자연에서 얻은 물을 필터링하거나 끓여 마시는 법을 익히며 물 한 모금의 소중함을 느낀다.

도구 사용: 작은 칼 하나로 나무를 자르고, 테이블과 의자, 심지어 조리 도구까지 만든다. 없으면 없는 대로, 꼭 필요하면 만드는 게 바로 부시크래프트의 매력이다. 창의력과 생존력이 동시에 필요한 진짜 아웃도어 캠핑.

어떤 도전도 자연 앞에선 작고 소소하게 느껴진다.

죽은 나무로 만든 테이블과 의자

"자연 속 레스토랑, 부시크래프트 쿠킹"

부시크래프트 캠핑에서 요리는 그저 끼니 해결이 아니다. 주변에서 구할 수 있는 재료와 도구만으로 창의적 한 끼를 완성하는 작은 모험이자 예술이다. 불 피우기부터 조리, 플레이팅까지 자연에서 얻은 것으로 음식을 완성해 가는 과정, 무엇과도 견주기 힘든 짜릿한 경험이다.

초간단 부시크래프트 쿠킹 | 준비물 : 나뭇가지 3개, 베이컨, 초당 옥수수, 얇은 마끈

나뭇가지 세 개를 주워서 그중 두 개는 비슷한 길이로 잘라 윗면에 칼집을 내 홈을 판다. 이때 가지 부분을 살리면 더 좋다. 남은 나뭇가지의 껍질을 벗겨 지지대 위에 올려 고정한다. 준비한 베이컨을 걸쳐 놓되, 불길에 바로 닿으면 금방 타 버리니 사이드에 두고 간접 불로 익힌다. 초당 옥수수를 함께 걸어 주면 곧바로 원시시대 무드로 접어든다.

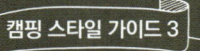

"육지와 물길을 넘나들며 자연 속 깊숙이 들어가는 색다른 모험"
팩래프팅 Packrafting

팩래프팅은 초경량 고무보트를 사용하여 도보와 수상 활동을 결합한 아웃도어 활동이다. 자연 속 깊은 곳으로 접근할 수 있어 캠핑과 결합하면 색다른 낭만을 경험할 수 있다. 보트의 무게는 보통 2~3kg 정도로, 접이식으로 설계되어 휴대가 용이하다.

팩래프팅을 처음 접하는 초보자라면 인천 청라호수공원 근처에 위치한 파파홈 쇼룸을 추천한다. 이론 교육과 함께 호수에서 직접 체험도 가능하다. 또한 MRS코리아가 주관하는 팩 래프트 투어 프로그램에 참여할 수도 있다.

호숫가에서 래프팅하며 캠핑을 즐기는 어드벤처 캠핑은 정말 유니크하고 낭만적인 경험이다.

부시크래프트 감성의 MRS 부시 캠핑 번개 모임에서 팩래프팅을 체험할 때 하필 비가 왔다. 하지만 춘천호에서 잔잔한 물결을 타고 돌아오며, 오히려 우중 캠핑의 감성을 만끽할 수 있었다.

캠핑을 통해 달라진 점이 있다면 자연을 받아들이는 태도다. 흐리면 흐린 대로, 비가 오면 비가 오는 대로 그 상황을 고요하게 받아들이며 작은 결핍에서도 감사하는 법을 배운다.

자연에서 하나의 것을 담기면, 그것이 세상의 나머지와 연결되어 있음을 깨닫게 된다. _존 뮤어(John Muir, 탐험가이자 환경운동가)

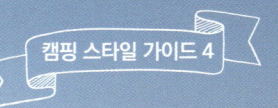

캠핑 스타일 가이드 4

"카누 타고 떠나는 낭만 여행, 홍천 배바위 노지 캠핑"
카누 백패킹 Canoe Backpacking

홍천강의 잔잔한 물결 위에 카누를 띄워, 직접 짐을 싣고 배바위까지 항해하면 노지 캠핑의 색다른 매력에 빠질 수 있다. 빌린 카누로 장비를 옮기며 세팅을 해보는 재미는 물론, 유유자적하게 패들을 저어 자연과 하나 되는 기분은 그 자체로 힐링이다.

단, 이곳은 편의시설이 마련되어 있지 않아 화장실 텐트와 충분한 물을 꼭 준비해야 한다는 점! 캠핑을 마친 후 쓰레기는 반드시 챙겨 돌아오는 매너도 잊지 말자.

홍천강의 푸른 풍경과 함께, 패들을 저을 때마다 들려오는 물소리는 도시의 소음을 잊게 하는 잔잔한 음악과도 같다. 배바위에 도착해 카누를 세워 그늘을 만들고 타프를 설치하면, 나만의 캠핑 놀이터가 탄생한다.

카누 위에서는 그늘이 부족하므로 모자와 선글라스는 필수, 안전을 위해 구명조끼도 반드시 착용해야 한다. 카누 체험에 관심이 있다면 캐나디안 카누클럽을 방문해 기본 교육부터 다양한 체험 프로그램까지 경험해 보길 추천한다.

PART 1

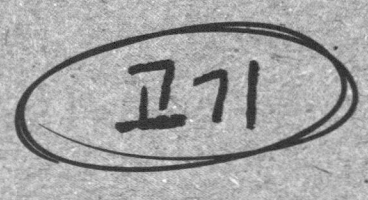

고기

토마호크	뵈프 부르기뇽
깐풍 소스 등갈비 튀김	반합 샤부샤부
알배추 우대 갈비	소고기말이 된장 전골
차돌 관자 미나리 삼합	김치 돼지고기 토마토 스튜
고추장 삼겹살 대파 구이	삼겹살 배추찜
죽통 명란 수육	삼겹살 김치말이 찜
우삼겹 굴 소스 볶음밥	돼지고기 고추장찌개
주꾸미 삼겹살	매콤 간장양념 닭볶음탕
양갈비구이	김치 닭한마리 칼국수
닭다리 양념구이	

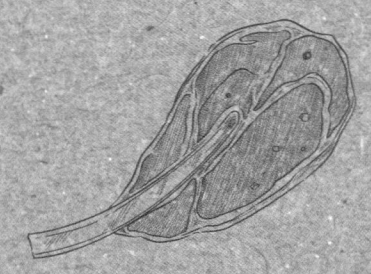

토마호크

토마호크 500g
로즈메리 2줄기
올리브오일
소금, 후추 또는 스테이크 시즈닝

가니시
마늘 2톨
아스파라거스 또는 브로콜리
양파
방울토마토

토마호크는 길게 뻗은 갈비뼈에 두툼한 살코기가 붙은, 보기만 해도 식욕을 자극하는 부위입니다. 이름은 아메리카 원주민의 '토마호크 도끼(Tomahawk Axe)'에서 유래했어요.
숯불에 구우면 훈연 향이 더해져 풍미가 깊어지지만, 두께가 있어 속까지 고루 익히려면 요령이 필요합니다. 뼈를 도려낸 뒤 큼직하게 썰어 팬에 구우면 육즙과 부드러움을 살릴 수 있어요. 남은 뼈와 고기는 다진 청양고추를 넣고 된장찌개로 끓이면 또 다른 별미가 됩니다. 밥 한 공기 말아 구수한 된장 술밥으로 즐기는 것도 추천해요.

Recipe

1. 토마호크를 키친타월에 올려 핏물과 물기를 제거한다.
2. 고기에 칼집을 넣고 소금, 후추 또는 스테이크용 시즈닝 분말을 고르게 뿌린 후 올리브오일을 바르고 로즈메리를 얹어 상온에서 30분 이상 시즈닝 한다.
3. 직화로 겉면을 구운 후 뼈를 제거하고 두툼하게 썰어서 팬에 올리고 속까지 익힌다.
4. 3의 팬에 가니시 재료를 굽는다.

Tip 부시크래프트 방식(p.18 참조)으로 즐기기

트라이포트에 행어를 설치해 토마호크 스테이크를 매달고, 통나무 스토브의 은은한 간접 열로 훈연해 보세요. 훈연 향의 깊은 풍미와 함께 마치 아메리카 원주민으로 돌아간 듯한 색다른 즐거움이 더해져요.

깐풍 소스 등갈비 튀김

밑간한 등갈비에 감자 전분을 골고루 입혀 두 번 튀겨내면
겉은 바삭하고 속은 촉촉한 식감이 살아납니다.
여기에 깐풍 소스를 더해 감칠맛을 살렸어요.
플레이팅할 땐 대나무 잎이나 엽란을 깔면
자연스러운 멋이 더해집니다.

2~3인분

등갈비 1kg(2대), 감자 전분(튀김용 + 전분물용 1작은술), 물 50ml, 식용유, 레몬(선택, 데코용)
밑간 | 진간장 3큰술, 청주 2큰술, 생강가루 ½작은술, 소금 1큰술, 매실청 1큰술
깐풍 소스 | 간장 10큰술, 식초 10큰술, 설탕 5큰술, 청양고추 3개, 홍고추 2개

Recipe

1. 등갈비는 흐르는 물에 깨끗이 씻은 뒤, 키친타월로 물기를 제거한다.
2. 밑간 재료로 등갈비를 고루 버무린 후 1시간 이상 숙성한다. +미리 밑간해서 캠핑장에 가져가면 편하다.
3. 숙성한 등갈비에 감자 전분을 골고루 묻힌 다음 웍에 식용유를 넉넉히 넣고 두 번 튀긴다.
4. 팬에 깐풍 소스 재료를 모두 넣고 끓이다가 전분물(물 50ml, 전분 1작은술)을 부어 농도를 조절하고, 청양고추와 홍고추를 잘게 다져 넣는다.
5. 튀긴 등갈비를 소스와 버무려서 큰 도마나 접시에 담고 데코용 레몬을 얇게 썰어 올린다.

Tip 부시크래프트 방식(p.18 참조)으로 즐기기

밑간한 통갈비를 노끈을 이용해 나뭇가지에 고정한 뒤 모닥불에 간접불로 훈연합니다. 시간은 조금 오래 걸리지만 고기가 익는 동안 불멍하는 재미가 있어요. 고기가 마르지 않도록 중간에 올리브오일을 바르고, 장작불이 숯불이 되면 고기를 직화로 조금 더 익힌 뒤 바나나 잎 위에 올려 깐풍 소스를 뿌리거나 찍어 먹어요.

알배추 우대 갈비

우대 갈비 1.5kg~2kg
스테이크 시즈닝 후레이크
올리브오일
소금 약간
알배추 1/2포기

곁들임
고추냉이
소금
(시판) 스테이크 소스

우대 갈비는 갈비 6~8번 부위의 긴뼈가 포함된 고기로, 부드러운 식감과 풍부한 육즙, 깊은 풍미가 특징입니다. 특히 뼈에 붙은 살을 하나하나 발라 먹는 재미가 있어, 한 접시가 금세 비워질 만큼 인기 있는 부위예요. 압도적인 비주얼 덕분에 기념일이나 특별한 날 즐기기 좋고, 캠핑 분위기와도 잘 어울립니다. 어버이날, 캠핑의 세계에 막 발을 들인 아가씨 내외와 어머니를 모시고 함께 떠난 자리에서 우대 갈비에 가리비, 버섯, 아스파라거스를 곁들여 풍성한 바비큐를 준비했어요. 어머니께서 "태어나 처음 먹어보는 맛"이라며 무척 기뻐하시던 모습이 아직도 기억에 남습니다. 제 캠핑 취미가 누군가에게 특별한 추억이 될 수 있다는 사실이 참 뿌듯했어요. 살을 잘라 낸 뒤 남은 뼈는 된장 전골이나 라면에 넣어 끓이면 깊고 진한 국물이 우러나요. 먹고 남은 고기는 다져서 깍두기나 김치와 함께 볶으면 훌륭한 볶음밥으로 다시 한번 즐길 수 있습니다.

Recipe

1. 우대 갈비의 핏물을 키친타월로 깨끗이 닦은 뒤 스테이크 시즈닝 후레이크와 올리브오일, 소금으로 시즈닝 한다.
2. 숯불 위에 그릴을 올리고, 우대 갈비를 올려 겉면이 타지 않게 굽는다.
3. 갈비를 그리들 위로 옮긴 뒤, 갈빗살을 잘라서 취향에 맞게 속까지 익힌다.
4. 알배추를 그리들에 올려서 앞뒤로 구우면서 소금으로 간 한다.
5. 익힌 고기와 구운 알배추를 접시에 담고, 고추냉이, 소금, 스테이크 소스를 곁들인다.

차돌 관자 미나리 삼합

차돌박이 600g
관자 슬라이스 300g
미나리 150g
파채 100g
달걀 2~3개(선택)

양념장

청양고추 2개
깨소금 1큰술
설탕 2큰술
간장 4큰술
식초 4큰술
연겨자 1큰술

또는

시판 참 소스

캠핑에 누군가를 초대하게 된다면 꼭 추천하고 싶은 메뉴예요. 맛은 물론이고, 화려한 플레이팅 덕분에 캠핑 테이블이 한층 더 특별해집니다. 채 썬 양파나 파채를 곁들여 풍미와 식감을 살려도 좋아요. 양념장을 직접 만들기 번거롭다면 시판 참 소스를 활용해도 충분히 맛있게 즐길 수 있어요.

Recipe

1. 미나리는 5~6cm 길이로 자른다.
2. 그리들 중앙에 파채와 미나리를 적당히 섞어 올린다.
3. 파채를 중심으로 관자 슬라이스와 차돌박이를 빙 둘러 올린다.
4. 청양고추를 다져서 나머지 양념장 재료와 섞는다.
5. 재료들을 구워서 양념장을 찍어 먹다가 중앙을 비워 달걀을 푼 뒤 찜처럼 익혀서 곁들여 먹는다.

고추장 삼겹 대파구이

삼겹살 600g
대파 2대

양념장
고추장 3큰술
청주 3큰술
고춧가루 1큰술
양조간장 1큰술
올리고당 1큰술
참기름 1큰술
다진 마늘 1작은술
다진 생강 1/3작은술
소금, 후추

삼겹살볶음부터 닭다리 살 꼬치까지, 어떤 고기와도 잘 어울리는 만능 양념장을 소개합니다. 캠핑장은 물론 집에서도 이 양념장 하나면 언제든 자신있게 요리할 수 있어요.

Recipe

1. 대파와 삼겹살을 4cm 길이로 자른다.
2. 썰어둔 삼겹살을 양념장에 골고루 버무린다.
3. 대파와 양념한 삼겹살을 번갈아 가며 꼬치에 꽂는다.
4. 꼬치를 자주 뒤집으며 타지 않게 굽는다.
5. 구울 때 남은 양념을 한 번 더 바른다.

죽통 명란 수육

2~3인분

통삼겹살 600g
대나무 죽통 1개
통마늘 7~8개
대파 1대
꽈리고추 3~4개
쌍화탕 반 병
소금, 후추
황토

명란 소스

저염 명란 100g(3개)
참기름 2큰술
청주 1큰술
다진 청양고추 1개
다진 홍고추 1개
깨소금 1큰술

대나무 죽통을 활용해 음식을 굽거나 담으면 자연스러운 멋과 함께 특별한 분위기를 낼 수 있어요. 시중에 용도와 크기에 따라 다양한 제품이 나와 있어 선택하기도 편합니다.
수육을 만들 땐 쌍화탕을 넣어보세요. 잡내는 잡으면서 풍미까지 좋아집니다.

Recipe

1. 통삼겹살을 소금, 후추로 시즈닝 한다.
2. 대파는 큼직하게 7~8cm 길이로 썬다.
3. 죽통 안에 삼겹살, 마늘, 대파, 꽈리고추, 쌍화탕을 넣고 황토 반죽으로 죽통 입구를 덮는다. *+ 황토가 없다면 쿠킹포일로 감싼다.*
4. 죽통을 숯불에 고루 굴려 가며 1시간 정도 익힌다.
5. 소스 재료를 모두 섞어 명란 소스를 만든다.
6. 죽통이 숯처럼 까맣게 될 때쯤 재료를 빼내 고기를 먹기 좋게 썰어서 소스에 찍어 먹는다.

우삼겹 굴 소스 볶음밥

우삼겹 400g
대파 흰 대 1/2개
양파 1/2개
영양 부추 한 줌
밥 한 공기
굴 소스 2큰술
소금, 후추 약간

고기 기름이 밥에 스며들어 밥알이 고슬고슬하게 놀았을 때, 섞어 먹는 게 이 요리의 하이라이트예요. 우삼겹 대신 대패삼겹살이나 차돌박이로, 밥 대신 우동사리로도 응용할 수 있어요.
김포의 한 캠핑장에서 솔로 캠핑을 하던 날, 저수지 너머로 지는 석양을 바라보며 이 요리를 맥주 한 잔과 함께 즐겼습니다. 따뜻한 음식, 고요한 풍경, 살랑이는 바람이 어우러진 그 순간은 지금도 잊히지 않는 특별한 추억으로 남아 있어요.

Recipe

1. 양파는 채 썰고, 부추는 3~4cm 길이로 썰고, 대파는 송송 썬다.
2. 중약불로 달군 그리들 중앙에 밥을 펴 올린다.
3. 밥을 중심으로 채 썬 양파를 빙 둘러 올리고 우삼겹으로 바깥 쪽을 에워싼다.
4. 밥 위에 영양 부추, 송송 썬 파를 올리고 굴 소스, 소금, 후추를 뿌린다.
5. 우삼겹이 익으면 곁들임 채소와 먹다가 약불로 줄여서 밥과 고르게 섞어 먹는다.

주꾸미 삼겹살

 2인분

삼겹살 600g
양파 1개 또는 콩나물 100g
시판 양념 주꾸미 700g
다진 청양고추 약간(선택)

곁들임
부추 50g
깻잎 20장
날치알 30g
무 쌈 1팩

날씨는 너무 좋지만 특별한 계획이 없을 때, 무작정 캠핑을 떠나는 것도 좋은 선택이에요. 캠핑장으로 향하는 길, 마트에 들러 이 재료들 그대로 장바구니에 담아 보세요. 간단하지만 조화로운 맛이 복잡한 머릿속까지 말끔하게 정리해 줄 거예요.
시판 냉동 주꾸미를 미리 준비한다면 신선한 '압구정 주꾸미'를 추천해요.

Recipe

1. 먹기 좋은 크기로 썬 삼겹살을 그리들에 올려 노릇하게 굽는다.
2. 구운 삼겹살을 그리들 가장자리에 밀어두고 콩나물, 주꾸미, 부추, 청양고추를 중앙에 올려 익힌다.
3. 접시에 깻잎, 무 쌈을 깔고 주꾸미 삼겹살, 날치알을 얹어 싸 먹는다.
   + 먹고 난 뒤 남은 양념에 날치알과 깻잎, 밥을 넣고 볶아 먹는다.

양갈비구이

 **4인분**

양갈비(프렌치렉/숄더렉) 1~1.5kg
소금, 후추
올리브오일
버터, 로즈메리
이탈리아 시즈닝 또는 허브솔트

가니시
대파 2대
마늘 4~5톨
아스파라거스
방울토마토
허브 로즈메리(선택)

소스
민트젤리, 쯔란

양갈비는 주로 스토어팜 '꼬미양'에서 주문해요. 육질이 부드럽고 특유의 누린내가 거의 없는 데다 손질이 깔끔해요. 양갈비는 숯불에 구워도 좋고, 팬프라이으로 조리해도 풍미가 뛰어나요. 팬프라이을 할 때는 마지막에 토치로 살짝 불맛을 더하면 전문 요리 못지않은 고급스러운 맛을 낼 수 있어요. 가니시로 방울토마토와 대파를 곁들이는 것도 추천합니다. 양갈비의 고소함을 한층 돋우면서 느끼함을 잡아줘요.

Recipe

1. 양갈비는 해동한 뒤 키친타월에 올려 핏물과 물기를 제거한다.
2. 시즈닝 분말 또는 허브솔트를 뿌리고, 올리브오일을 바른 후 로즈메리를 올려 마리네이드 한다.
3. 올리브오일을 두른 팬 또는 숯불에 마리네이드 한 양갈비를 굽는다.
4. 팬에 굽는다면 버터를 넣어 녹이고 고기 위에 끼얹어 준다.
5. 센불에 양면이 노릇해지도록 굽다가 불을 줄여 속까지 익힌다.
6. 잘 익은 양고기를 도마 또는 접시 위에 두고 레스팅 한다.
7. 양갈비를 구운 팬에 가니시 재료를 굽다가 소금, 후추로 간한다.
8. 먹기 편하도록 양갈비 끝을 쿠킹포일로 감싸고, 민트젤리나 쯔란 등 취향에 맞는 소스를 곁들인다.

닭다리 양념구이

간단하자만 맛은 확실한 비장의 닭요리. 양념을 직접 만들기 번거롭다면,
시판 양념치킨 소스를 활용해도 충분히 훌륭한 풍미를 낼 수 있어요.
닭에서 나온 고소한 기름이 소스와 어우러지면서 감칠맛을 한층 끌어올립니다.
매운맛이 당기면 청양고추 대신 페페론치노나 베트남 고추를 넣어도 좋아요.
양념장에 햇반을 비비고, 모차렐라 치즈까지 올리면
더 고소하고 든든하게 즐길 수 있어요.

2인분

닭다리 5~6개
대파 1~2대
떡볶이 떡 10개
스위트콘 100g
청양고추 2~3개
홍고추 1개
페리카나 양념치킨 소스(매콤양념) 150g
소금, 후추 적당량
식용유

Recipe

1. 닭다리의 물기를 제거하고 소금, 후추로 밑간한다.
2. 대파는 3~4cm 길이로 자르고 고추는 송송 썬다.
3. 팬에 식용유를 두르고 닭다리를 돌려가며 구운 뒤 70% 정도 익었을 때 대파를 넣고 함께 노릇하게 익힌다.
4. 식용유를 한 번 더 넉넉히 두르고 떡을 넣고 소금을 뿌려 굽다가 닭이 다 익으면 양념을 붓는다.
5. 스위트콘과 고추를 추가해 끓이다가 필요하면 소금으로 간한다.

뵈프 부르기뇽

Bœuf Bourguignon

겨울 하면 떠오르는 요리, 뵈프 부르기뇽. 프랑스 부르고뉴 지역의 대표 스튜로, 소고기와 채소를 레드와인에 넣고 오래 끓여 깊은 풍미를 끌어냅니다. 부드러운 고기와 진한 국물의 조화가 겨울 캠핑 요리로 제격이죠. 전통적으로는 메쉬포테이토를 곁들이지만, 저는 구운 바게트를 스튜에 찍어 먹는 걸 선호해요.

보통 2~3시간이면 완성되는데, 한 번은 화목난로 위에 올려 둔 걸 깜빡하고 4시간이나 끓인 적이 있어요. 국물은 졸았지만 고기는 입안에서 사르르 녹고, 맛은 오히려 깊어졌죠. 부르고뉴산 피노누아 와인을 사용하는 게 정석이지만, 1만 원대 피노누아 와인으로도 충분합니다.

다만 곁들이는 와인만큼은 제대로 준비하면 더 완벽한 겨울 캠핑 만찬이 돼요. 따뜻한 스튜 한 그릇이면 겨울 추위가 낭만으로 변합니다.

 **4~5인분**

소고기 채끝(또는 척 아이롤) 1.5kg~1.8kg
레드 와인 1병
당근 2개
양파 1개
셀러리 1개(선택)
오렌지 ½개(제스트와 즙)
월계수 잎 2개
타임 조금
마늘 3~4톨

볶음용

버터 1큰술
베이컨 3~4줄
양송이버섯 6~8개
샬럿 8~10개(또는 양파 ½개)

끓이기

토마토페이스트 1큰술
치킨스톡 1개
소금 약간

Recipe

1. 소고기는 큼직하게 썰고, 당근과 양파는 깍둑썰기, 셀러리는 송송 썬다.
2. 볼에 1의 재료, 월계수, 마늘, 타임, 오렌지 제스트, 오렌지즙, 와인을 넣고 아이스박스에서 1~2시간 숙성한다. *+집에서 미리 준비할 경우 냉장고에 넣고 24시간 이상 숙성해서 가져 간다.*
3. 숙성 후 소고기, 채소는 따로 건져 둔다.
4. 냄비에 버터를 넣고 베이컨을 볶다가 양송이버섯, 샬럿을 넣어 볶는다.
5. 4의 재료를 바트에 덜어 놓고 같은 냄비에 3의 재료를 소고기-채소 순으로 볶는다.
6. 4에서 볶은 재료들을 냄비에 마저 넣고 토마토페이스트오· 치킨스톡을 넣어 한소끔 끓인 뒤 약불에서 2시간 이상 뭉근히 끓인다. 필요 시 소금으로 간을 맞춘다.

반합 샤부샤부

샤부샤부 등심 400g
미나리 40g
만가닥버섯 30g
알배추 4~5장
숙주 40g

육수 재료
물 1ℓ
코인 육수 2개
쯔유 2큰술
대파 흰 대 1개

소스
스위트 칠리소스
땅콩 소스

간장 소스
간장 2큰술
올리고당 1큰술
물 1큰술
연겨자 1작은술

곁들임
칼국수 또는 우동면

겨울에 캠핑장에서 샤부샤부를 즐길 땐, 반합을 1인 1상으로 차려보세요. 난로 앞에 앉아 꽁꽁 언 발을 녹이며 먹는 샤부샤부는, 집이나 식당에선 절대 느낄 수 없는 특별한 맛을 선사합니다. 입 안에서 고기가 부드럽게 녹는 그 순간, 따뜻함이 몸속 깊숙이 스며들며 온몸이 사르르 녹는 기분을 느낄 수 있어요. 시판 밀키트를 활용하면 준비도 훨씬 간편해, 부담 없이 캠핑의 낭만을 만끽할 수 있어요.

Recipe

1. 알배추와 미나리는 3~4cm 폭으로 자르고 만가닥버섯은 먹기 좋게 분리한다.
2. 반합 2개에 각각 물 500ml와 육수 한 알, 쯔유 1큰술, 대파 ½씩을 넣고 국물을 우린다.
3. 접시에 소고기 등심, 채소, 버섯을 가지런히 담는다.
4. 육수에 재료를 데쳐 가며 소스를 찍어 먹는다.
5. 재료를 다 먹은 뒤 남은 육수에 칼국수나 우동면을 넣고 끓여 먹는다.

소고기말이 된장 전골

샤부샤부용 등심 1kg
부추 80g
깻잎 10장
팽이버섯 100g
두부 150g
애호박 1/3개
감자 1개
양파 1/2개
청양고추 2개
된장 2큰술
물 700ml
코인 육수 한 알
소금, 후추
햇반 1개

그리들에 푸짐하게 끓여 먹는 된장 전골은 캠핑에서 빼놓을 수 없는 별미죠. 먼저 그리들 위에서 채소 소고기말이를 구워 먹다가, 찌개 재료를 넣어 진한 된장 전골로 이어가 보세요. 마무리로 햇반 하나를 넣어 술밥처럼 즐기면, 한국인이라면 누구나 반하는 그 맛, 된장 술밥이 완성돼요. 소고기말이가 번거롭다면 소고기와 부추, 팽이버섯을 넓게 펼쳐 구운 뒤, 그리들 한쪽에 가지런히 모아 두고 된장찌개를 추가로 끓여 곁들여도 좋아요. 밀키트로도 나와 있어서 간편하게 즐길 수 있어요.

Recipe

1. 도마에 샤부샤부용 등심을 겹쳐 길게 올린 뒤 소금, 후추로 밑간한다.
2. 그 위에 깻잎, 부추, 팽이버섯을 줄지어 올린 후 돌돌 말아서 먹기 좋은 크기로 자른다.
3. 두부, 애호박, 감자, 양파는 깍둑썰기, 청양고추는 송송 썬다.
4. 그리들에 물을 반만 넣고 코인 육수와 된장을 푼 뒤 중앙에 3의 재료를 올리고 바깥 쪽에 소고기말이를 빙 둘러 올린 다음 끓인다.
5. 고기가 익으면 먼저 먹다가 남은 물을 마저 붓고 전골을 끓여가며 먹는다. 마지막에 밥을 말아 먹는다.

김치 돼지고기 토마토 스튜

돼지고기 다짐육 600g
식빵 4~5개
양파 1개
생 바질잎
로즈메리 조금
베트남 고추 또는 페페론치노 5~6개
방울토마토 300g
양송이버섯 3~4개
익은 김치 1/4 포기
토마토소스 600g
소금, 후추
버터 약간
모차렐라 치즈 80g
고다치즈, 체더치즈 2장씩

곁들임
시판 냉동 치킨텐더 1팩

그리들에 재료를 한꺼번에 넣고 푹 끓이기만 하면 끝나는 마법의 토마토 스튜. 구운 식빵을 스튜에 찍어 먹으면 레스토랑 부럽지 않은 고급 요리예요. 치킨텐더를 곁들이면 든든한 한 끼 식사! 양이 모자라다 싶어서 남은 스튜에 숏 파스타를 넣어 먹은 적이 있는데 일행 모두가 라구파스타 같다며 좋아했어요. 스튜의 마지막 한 방울까지 즐길 수 있는 최고의 방법이었죠.

Recipe

1. 그리들에 버터를 두르고 식빵을 앞뒤로 노릇하게 굽는다.
2. 김치, 양파는 다지고, 방울토마토는 이등분한다.
3. 그리들에 버터를 두르고 다진 양파가 갈색이 될 때까지 볶는다.
4. 양파가 푹 익으면 돼지고기 다짐육, 바질, 로즈메리, 베트남 고추, 소금, 후추를 넣고 볶는다.
5. 김치, 양송이버섯, 토마토를 넣고 한 번 더 볶다가 토마토소스를 넣어 끓인다.
6. 모차렐라 치즈, 고다치즈, 체더치즈를 넣고 녹인다.
7. 구운 식빵을 4등분 해서 그리들 테두리에 올린다.
8. 치킨텐더를 튀겨서 곁들여 먹는다.

삼겹살 배추찜

 2~3인분

삼겹살 400g
알배추 6~8장
화이트와인 또는 청주 300ml
대파 1대
청양고추 2개
홍고추 1개
마늘 3~4톨
소금, 후추 약간

간장 양념장

청양고추 2개
홍고추 ½개
양조간장 5큰술
물 3큰술
식초 2큰술
설탕 1큰술
후추 ⅓작은술

한때 유행했던 삼겹살 배추찜, 간편하지만 맛은 확실해서 캠핑 요리로 제격이에요. 삼겹살과 배추를 겹겹이 쌓아서 찌기만 하면 끝날 정도로 간단해요. 이 요리의 포인트는 삼겹살과 배추의 담백함을 살리면서 감칠맛을 더해주는 간장 양념장에 있어요. 간장 5, 물 3, 식초 2, 설탕 1의 비율만 기억하세요.

Recipe

1. 삼겹살과 배추는 먹기 좋은 크기로 비슷하게 썰고 마늘, 청양고추, 홍고추는 얇게 편 썰기, 대파는 다진다.
2. 양념장에 들어갈 고추는 다져서 분량의 양념과 잘 섞는다.
3. 냄비에 배추-삼겹살-다진 대파-얇게 썬 마늘 순서로 올린 뒤 소금 한 꼬집과 후추 한 꼬집을 뿌린 다음 같은 순서를 반복해 켜켜이 쌓는다.
4. 마지막으로 홍고추, 청양고추를 올리고 화이트와인을 붓는다.
5. 센불에 한소끔 끓인 후 약불로 15~20분간 끓인 다음 불을 끄고 배추와 삼겹살을 겹쳐서 양념장을 곁들여 먹는다.

삼겹살 김치말이 찜

2~3인분

묵은지 또는 잘 익은 김치 500g
삼겹살 600g
대파 ½대
청양고추 2개
양파 ⅓개
소금 약간

삼겹살 밑간

다진 마늘 1큰술
생강즙 2큰술
맛술 2큰술
후추 2꼬집

양념장

간장 1큰술
고춧가루 1큰술
김칫국물 반 컵
멸치액젓 1큰술
다진 마늘 1큰술
다시마 멸치육수 3~4컵

친구네 가족과 울릉도 캠핑을 간 날, 도착하자마자 꺼내 먹을 수 있도록 삼겹살 김치말이 찜을 미리 준비해 갔어요. 뱃멀미로 모두 지쳐 있었지만, 얼큰한 국물 한입과 부드러운 삼겹살 한 점이 누적된 피로를 말끔히 씻어줬죠.
미리 만들어가기만 하면 어디서든 따뜻하게 즐길 수 있어요.

Recipe

1. 삼겹살을 먹기 좋은 크기로 썰어 밑간 재료로 밑간한다.
2. 포기김치를 결대로 찢은 후 삼겹살 1~2조각을 올려 돌돌 만다.
3. 얇게 썬 양파를 냄비 바닥에 깔고 삼겹살 김치말이를 올린다.
4. 다시마 멸치육수에 양념장을 풀어 냄비에 붓는다.
5. 센불에서 끓이다가 한소끔 끓어오르면 약불로 줄여 뭉근하게 익히다가 얇게 썬 청양고추와 대파를 넣는다.
6. 국물이 줄어들면 기호에 따라 물을 더 넣거나 소금으로 간한다.

Tip 다시마 멸치육수가 없을 때 4번 과정에서 물과 디포리 세 마리를 넣고 끓이다가 디포리가 흐물흐물해질 때쯤 건져내세요. 간편하게 코인 육수를 사용해도 좋아요.

돼지고기 고추장찌개

2인분

돼지고기 목살 200g
두부 200g
애호박 1/3개
감자 1개
양파 1/3개
청양고추 2개
다진 마늘 1큰술
생강가루 1/2작은술(선택)
물 500~700ml
고추장 1.5큰술
멸치액젓 1큰술
소금, 후추

솥밥이나 반합밥을 지을 때 얼큰한 고추장찌개를 곁들여 보세요. 구수한 밥과 칼칼한 찌개, 나물 반찬까지 곁들이면 그 자체로 완벽한 한국인의 밥상이죠. 야외에서 먹으면 평범한 밥상도 훨씬 맛있고 특별하게 느껴져요.

Recipe

1. 돼지고기 목살을 먹기 좋은 크기로 자른다.
2. 두부, 애호박, 감자, 양파를 깍둑썰기한다.
3. 냄비에 목살, 다진 마늘, 생강가루, 소금 한 꼬집, 약간의 후추를 넣고 볶는다.
4. 고기가 익으면 고추장, 물, 멸치액젓을 넣고 고르게 저은 후 2의 재료를 모두 넣는다.
5. 팔팔 끓이다가 취향에 맞게 송송 썬 청양고추를 넣고 소금, 후추로 간한다.

매콤 간장양념 닭볶음탕

 **4~5인분**

닭(볶음탕용) 1kg
감자 1개
고구마 1~2개
당근 ½개
대파 1.5대
양파 ½개
다진 마늘 2큰술
베트남 고추 10개
청양고추 2개
올리브오일 조금

양념 재료

양조간장 1컵(200ml)
물 3~4컵
설탕 ½컵
소금, 후추 약간

밑간 재료

청주 2큰술
소금, 후추 약간

곁들임 재료

불린 당면
떡볶이 떡

매콤한 간장 양념에 닭과 채소를 자작하게 졸여 추운 날 밥과 함께 먹기 좋은 국물 요리예요. 맛의 비결은 마늘기름에 있어요. 팬에 마늘을 먼저 볶아 마늘기름을 낸 뒤 닭을 익히면 감칠맛이 훨씬 살아나요. 끓이는 동안 양념이 졸면 간이 강해질 수 있어요. 기호에 맞게 물을 조금씩 추가하면서 맛을 조절해 주세요.

Recipe

1. 닭을 씻어서 키친타월로 물기를 제거한 뒤 밑간 재료로 밑간한다.
2. 감자, 고구마, 당근, 양파는 깍둑썰기, 대파와 청양고추는 송송 썬다.
3. 냄비에 올리브오일을 두르고 마늘을 볶은 뒤 밑간한 닭을 노릇하게 볶는다. 볶은 후 기름은 덜어 낸다.
4. 양념 재료를 잘 섞어서 3의 냄비에 붓고 감자, 고구마, 당근, 양파, 베트남 고추를 넣고 팔팔 끓인다.
5. 한소끔 끓으면 약불로 줄인 뒤 청양고추, 불린 당면, 떡, 대파를 넣고 끓인다.
6. 젓가락으로 닭, 감자 등을 찔러본 뒤 잘 익었으면 불을 끈다.

김치 닭한마리 칼국수

닭(볶음탕용) 1kg
감자 2개
양파 ½개
대파 ½개
김치 1컵
김칫국물 ½컵
마늘 5톨
소금, 후추
물 1ℓ
식용유

닭 밑간
소금 1큰술, 후추 적당히
청주 또는 소주 3큰술

칼국수용
애호박 ⅓개
칼국수면 300g

양념장
다진 마늘 1큰술
육수 5큰술
고춧가루 5큰술
간장 2큰술
식초 1큰술
후추 2꼬집
연겨자 ½작은술

동대문 닭한마리를 연상시키는 그 맛!
여름 장봉도 캠핑에서 갑작스러운 비바람에 날씨가 초겨울처럼 쌀쌀해졌던 적이 있어요. 그때 담요처럼 몸을 포근하게 감싸주던 이 닭한마리 칼국수의 맛을 잊을 수 없어요. 얼큰하면서도 뜨끈한 국물, 후루룩 부드럽게 넘어가는 칼국수면, 추위를 잊게 해주는 최고의 소주 안주예요. 고구마, 떡, 라면사리 등을 추가해 푸짐하게 즐겨 보세요.

Recipe

1. 볶음용 닭을 깨끗이 씻은 후 물기를 제거하고 밑간 재료로 밑간한다.
2. 감자, 양파는 먹기 좋은 크기로 썰고 대파는 길게 어슷썰기, 호박은 반으로 잘라 편 썰기, 마늘 ½은 편 썰기, 나머지는 다진다.
3. 웍에 식용유를 적당히 두르고 밑간한 닭과 다진 마늘을 넣어 볶듯이 익힌다.
4. 분량의 물과 김칫국물, 감자, 양파, 김치, 마늘, 대파를 추가하고 한소끔 끓인 뒤 약불에서 30분가량 푹 익힌다.
5. 소금, 후추로 간을 맞추고 양념장을 곁들여 먹는다.
6. 건더기를 먹고 남은 국물에 칼국수와 애호박을 넣고 끓인다.

PART 2

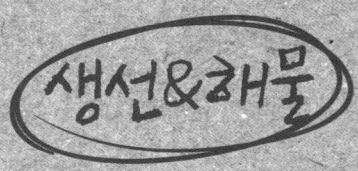
생선&해물

청양 살사 연어 튀김	홍합탕 라면
해산물 유자 폰즈 구이	빠에야
생선구이(부시크래프트 쿠킹)	참외 광어 세비체
가리비 해산물 스튜	연어 스테이크 샐러드
명란 알 아히요	레몬드레싱 문어 새우 컵 샐러드
오이스터 알 아히요	
미나리 봉골레 파스타	

청양 살사 연어 튀김

구이용 생연어 600g
샐러드 채소 150g
식용유

연어 밑간
소금, 후추
파프리카 분말 또는 케이준 가루(선택)

튀김옷
밀가루 1컵(200g)
달걀 2개
빵가루 2컵(400g)

아보카도 살사소스
청양고추 2개
완숙 토마토 1개
아보카도 ½개(또는 냉동 큐브 100g)
양파 ½개
올리브오일 3큰술
레몬즙 2큰술
핫소스 1큰술
설탕 1큰술
소금, 후추 약간

곁들임
토르티야

캠핑에서 색다른 요리를 원한다면, 살사소스를 곁들인 연어 튀김을 추천해요. 새콤하고 매콤한 소스가 바삭한 연어와 잘 어울려요. 튀김 요리는 익힘 정도를 맞추기 어렵다며 망설이는 경향이 있는데, 연어는 기름에 넣자마자 금방 익어 실패할 확률이 적어요. 샐러드와 같이 토르티야에 싸서 한 끼 식사로 든든하게 즐겨보세요.

Recipe

1. 연어를 밑간 재료로 밑간한다.
2. 밑간한 연어에 밀가루-달걀-빵가루 순으로 튀김옷을 입힌다.
3. 토마토, 양파, 청양고추는 다지고 아보카도는 으깨서 소스용 재료와 고르게 섞어 아보카도 살사소스를 만든다.
4. 튀김용 팬에 식용유를 넉넉히 넣고 180도 온도에서 연어를 튀긴다.
5. 넓은 도마나 큰 접시에 곁들임 채소를 깔고 연어 튀김을 올린 뒤 아보카도 살사소스를 뿌린다.

해산물 유자 폰즈 구이

일본 고아웃 캠핑 때, 현지 마트에서 구한 해산물로 간단한 요리를 해 봤어요. 손이 많이 가는 요리는 부담스러워서, 오일에 구운 해산물에 유자 폰즈소스를 곁들였죠. 상큼한 유자 향과 꽈리고추의 조합이 정말 근사했어요. 한국에서도 쉽게 구할 수 있는 재료들이라 해산물을 좋아한다면 꼭 도전해 보세요. 시판 유자 폰즈소스를 사용해도 좋지만, 집에 있는 유자청이나 유자차로도 충분히 만들 수 있답니다.

4~5인분

총알 오징어 5마리
중 새우 10마리
관자 6알
꽈리고추 8개
미니 옥수수 4개
느타리버섯 1줌
마늘 10톨
올리브오일
소금, 후추

유자 폰즈소스
유자청 2큰술
청양고추 1개
다진 마늘 1큰술
진간장 4큰술
다시마 우린 물 6큰술
식초 2큰술
미림 2큰술

Recipe

1. 소스 재료를 모두 섞어서 유자 폰즈소스를 만든다.
2. 그리들에 올리브오일을 두르고 손질한 해산물을 올려 굽는다.
3. 버섯, 마늘, 미니 옥수수, 꽈리고추를 올리고 올리브오일을 넉넉하게 뿌린다.
4. 유자 폰즈소스를 조금씩 뿌려가며 재료들을 고르게 익힌다.
5. 기호에 따라 소금, 후추를 추가한다.

생선구이 (부시크래프트 쿠킹)

부시크래프트 쿠킹은 마치 문명 이전 시대로 떠나는 짧은 시간여행 같아요. 불을 피우고, 음식을 구워 먹는 원시적인 방식 속에서 자연과 하나 되는 경험을 하게 되죠. 물론 이번엔 생선을 미리 준비해 갔지만, 직접 낚시해 구워 먹을 때의 성취감은 이루 말할 수 없어요. 그 순간만큼은 '무인도에서도 살아남을 수 있겠다'라는 자신감마저 생긴답니다. 파이어 스틸과 부싯돌을 이용해 부싯깃(마른 나무껍질, 솔방울 등)에 불을 붙이고, 은근한 군불에 조리해 보세요. 간접 열로 조리할 땐 재료가 마르기 쉬우니, 중간중간 올리브오일을 넉넉히 발라 겉은 바삭하고 속은 촉촉하게 완성하는 게 포인트입니다. 자연 속 요리의 매력을 제대로 느낄 수 있는 특별한 방식, 꼭 한 번 도전해 보세요. (p.18 부시크래프트 캠핑 참조)

금태 또는 볼락
도미(또는 흰 살 생선)
허브 시즈닝
타임 3~4줄기
로즈메리 1~2줄기
소금 약간
올리브오일

Recipe

1. 생선은 깨끗하게 손질한 뒤 물기를 제거하고 칼집을 낸다.
2. 타임과 로즈메리를 생선의 안쪽에 끼워 넣는다.
3. 허브 시즈닝, 소금으로 밑간한 뒤 올리브오일을 바른다.
4. 스틸 꼬치에 꽂아 간접 불을 이용해 굽는다.

가리비 해산물 스튜

 2~3인분

가리비 800g~1kg
홍합(또는 동죽) 300g
바지락 300g
가자미 1마리
새우 6~8마리
대파 1대
마늘 4~5톨
드라이한 화이트와인 또는 청주
올리브오일 넉넉히
소금 3꼬집
물 1컵
베트남 고추 6~8개 또는 페페론치노
미니 양배추 또는 셀러리(선택)
타임 또는 딜(선택)

곁들임

푸실리 파스타 (숏 파스타)
바게트

달콤하고 쫄깃한 식감이 매력적인 가리비는 보기에도 예뻐 눈과 입을 모두 만족시켜요. 가격 부담이 적어 캠핑이나 집밥 메뉴로 손색없죠. 가리비만으로도 훌륭한 스튜가 되지만, 흰 살 생선이나 다양한 해산물을 더하면 깊고 풍성한 맛을 즐길 수 있어요. 해산물 자체에서 짠맛이 우러나기 때문에, 물을 추가해 간을 맞추는 게 중요합니다. 자작한 국물에 파스타 면을 넣어 함께 끓이면 든든한 한 끼로도 충분해요. 이때 화이트와인은 당도가 없는 드라이 타입을 골라야 해산물 본연의 맛을 제대로 살릴 수 있어요.

Recipe

1. 해산물을 깨끗하게 씻은 후 물기를 제거한다.
2. 마늘은 얇게 편 썰기, 대파는 송송 썬다.
3. 팬에 올리브오일을 넉넉히 두르고 마늘, 대파를 넣고 볶다가 마늘이 노릇하게 익으면 조개류를 넣고 볶듯이 익힌다.
4. 이어서 가자미, 새우, 베트남 고추, 미니 양배추를 넣고 올리브오일을 한 번 더 뿌린다.
5. 소금을 3꼬집 정도 넣고 화이트와인 반 컵을 고르게 붓는다.
6. 팔팔 끓어오르면 간을 본 뒤 물을 조금씩 더 넣으면서 간을 맞추고 준비한 허브잎을 넣어 마저 끓인다.
7. 취향에 따라 파스타 면을 넣고 끓이거나 바게트를 곁들인다.

명란 알 아히요

2~3인분

저염 명란 2~3개
마늘 2~3톨
스위트콘 50g
올리브오일
페페론치노
소금 한 꼬집

감바스 알 아히요에 새우 대신 명란을 넣으면 명란의 고소하고 짭짤한 풍미가 올리브오일과 어우러져 색다른 매력을 발산해요. 여기에 미니 양배추, 양송이버섯, 브로콜리 등 채소까지 넣으면 더욱 풍성해진 식감과 풍미를 즐길 수 있어요.

Recipe

1. 명란은 먹기 좋은 크기로 썰고 마늘은 얇게 편 썰기 한다.
2. 팬에 올리브오일을 두르고 마늘, 명란, 스위트콘을 넣고 약불에서 볶는다.
3. 취향에 따라 페페론치노와 소금을 넣는다.

오이스터 알 아히요

감바스 알 아히요의 새우 대신 굴을 넣으면 생굴이 부담스러운 사람도
편하게 즐길 수 있어요. 굴 특유의 향이 올리브오일과 어우러지며 깊은 풍미를 더하죠.
조리법이 간단해 캠핑은 물론 집에서도 자주 즐기기 좋아요.
삶은 파스타 면이나 구운 바게트를 곁들이면 한 끼 식사로도 든든해요.

1~2인분

생굴 200g, 브로콜리 50g, 양송이버섯 1~2개, 마늘 3~4톨,
홀 페페론치노 2~3개, 올리브오일, 소금 약간, 바게트 또는 파스타 면(선택)

Recipe

1. 생굴은 깨끗이 씻은 후 체에 밭쳐 물기를 제거한다.
2. 마늘은 편 썰고 양송이는 4등분, 브로콜리는 먹기 좋은 크기로 썬다.
3. 달군 팬에 올리브오일을 넉넉히 두르고 마늘을 볶다가 굴을 넣어 익힌다.
4. 페페론치노와 브로콜리, 양송이를 팬에 추가하고 볶는다.
5. 취향에 따라 삶은 파스타 면이나 구운 바게트를 곁들여 먹는다.

미나리 봉골레 파스타

미나리는 봉골레 파스타와 유난히 잘 어울려요.
여름철 물놀이 후엔 국물을 자작하게 만들어 스튜처럼 즐기면,
허기진 몸이 따뜻하게 풀리죠. 롱 파스타보다 바지락 모양과 닮은 숏 파스타,
특히 콘길리에를 사용하면 비주얼까지 완벽해집니다.

2~3인분

- 바지락 400g
- 마늘 4~5톨
- 미나리 50g
- 숏 파스타(콘킬리에 또는 푸실리) 100g
- 올리브오일
- 페페론치노 3~4개
- 드라이한 화이트와인 50ml
- 물 100ml~200ml
- 소금

파스타 삶기
- 물 500ml
- 소금 1큰술

Recipe

1. 바지락은 흐르는 찬물에 씻은 후 소금물(바지락이 잠길 정도의 물과 소금 2큰술)에 담가 뚜껑을 덮고 해감한다.
2. 마늘은 얇게 편 썰기, 미나리는 3~4cm 길이로 썬다.
3. 냄비에 물 500ml, 소금 1큰술을 넣고 팔팔 끓으면 파스타 면을 넣고 12분간 끓인다.
4. 팬에 올리브오일을 넉넉하게 두른 뒤 마늘을 넣고 볶는다.
5. 마늘이 노릇해지면 바지락, 페페론치노를 넣어 센불에서 볶다가 바지락이 입을 벌리면 화이트와인을 넣는다.
6. 분량의 물을 추가해 끓이다가 물이나 소금으로 간을 조절한 후 끓어오르면 삶은 파스타 면을 넣고 2~3분간 더 끓인 뒤 불을 끈다.
7. 먹기 직전 미나리를 올린다.

Tip 깔끔하면서도 개운한 맛을 원하면 페페론치노 대신 청양고추를 넣어 보세요.
바지락은 구매처에 따라 염도가 다르니, 6번 과정에서 물이나 소금으로 간을 조절해요.

홍합탕 라면

2인분

홍합 1kg
청양고추 2개
홍고추 1개
대파 1/2개
마늘 2톨
소금, 후추
코인 육수 1개
물 1ℓ
신라면 2개

껍질 손질만 극복하면 홍합은 가성비 최고 재료예요. 국물에서 우러나는 감칠맛이 특히 일품이죠. 청양고추를 송송 썰어 넣으면 칼칼함까지 더해져 술안주로도 그만이에요. 건져 먹고 남은 국물에 라면을 넣어 끓이면, 자던 사람도 벌떡 일어날 만큼 맛있답니다.

Recipe

1. 흐르는 물에 홍합 껍데기를 문질러 닦고 수염은 비틀어 제거한다.
2. 마늘은 얇게 편 썰고 청양고추, 홍고추, 대파는 송송 썬다.
3. 냄비에 손질한 홍합과 코인 육수 1개, 분량의 물을 넣고 팔팔 끓이다가 홍합이 입을 벌리면 마늘, 고추, 대파를 넣고 한소끔 끓인 후 기호에 따라 소금, 후추로 간 한다.
4. 홍합을 건져 먹은 후 국물에 라면을 넣고 끓인다. +국물이 모자라면 기호에 따라 물을 추가한다.

빠에야

빠에야는 스페인 발렌시아 지방에서 유래한 요리로, 들판에서 농부들이 간편하게 만들어 먹던 전통 음식이에요. '빠에야'라는 이름은 이 요리를 조리할 때 쓰는 넓고 얕은 철제 팬에서 유래했죠. 넓은 팬에 조리해 여러 사람이 함께 나눠 먹는 방식이 캠핑 요리와도 잘 어울려요. 스페인에서 맛봤던 기억을 떠올리며 가장 비슷하게 재현한 레시피인데요, 쌀을 익힐 때 절대 뒤적이지 않는 것이 포인트예요.. 그래야 쌀알은 고슬고슬하고, 바닥에는 바삭한 누룽지가 생겨 제대로 된 빠에야의 식감을 즐길 수 있답니다.

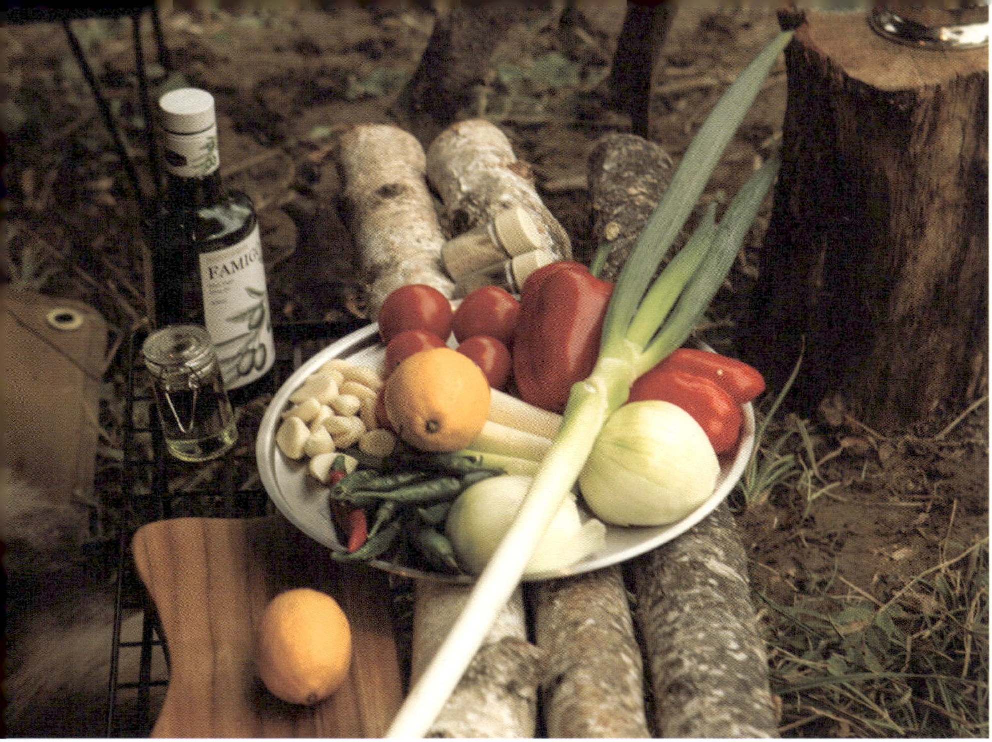

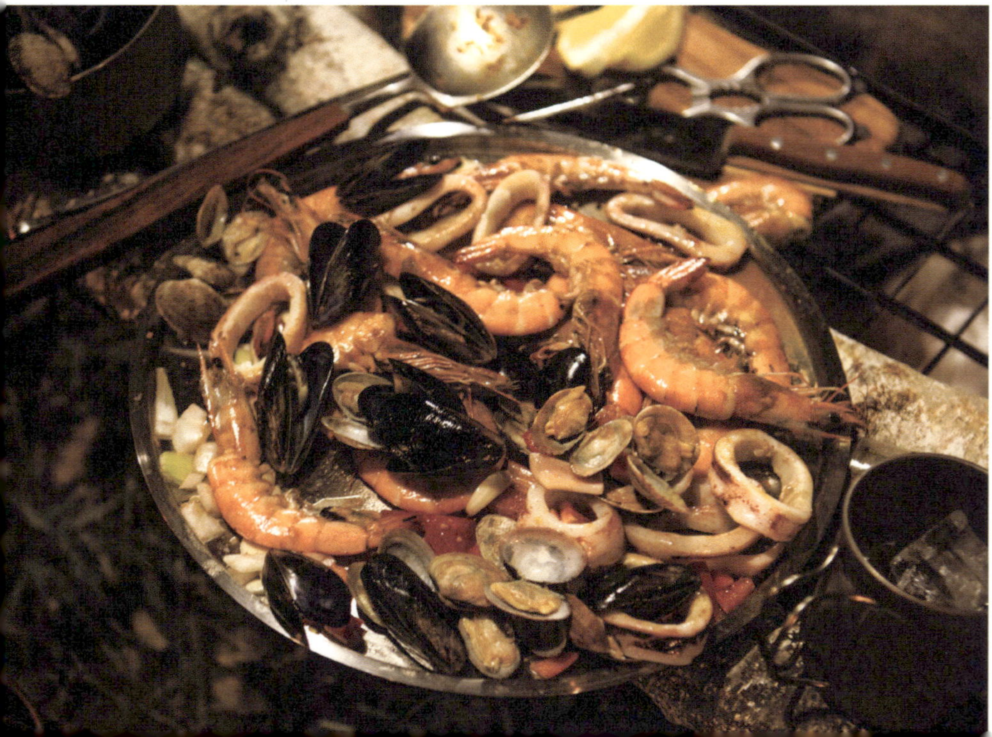

홍합 200g
새우 8~10마리
바지락 또는 모시조개 300g
오징어 몸통 한 마리
올리브오일

밥
쌀 2컵
시판 토마토소스 1컵
양파 1/2개
파프리카 1/2개
마늘 4톨
오징어 다리 1마리
소금 1큰술
빠에야 시즈닝 12g

토핑
이탈리안 파슬리 10g
레몬 1/2개 슬라이스

육수 (코인 육수로 대체 가능)
물 500ml
멸치 4~5개
다시마 2장

Recipe

1. 육수용 재료로 육수를 만들거나 코인 육수를 물에 넣고 끓인다. 홍합 또는 바지락을 넣어 끓여도 좋다.
2. 해산물을 깨끗이 씻은 뒤 오징어 몸통은 링 모양으로 자른다. 오징어 다리와 양파, 파프리카는 다지고 마늘은 편으로 썬다.
3. 달군 팬에 올리브오일을 두른 뒤 오징어를 볶아서 접시에 덜어 둔다.
4. 3의 팬에 올리브오일을 추가하고 홍합과 조개류를 넣고 볶은 뒤 접시에 덜어 둔다. +이때 팬을 닦지 않고 그대로 사용한다.
5. 같은 팬에 올리브오일을 추가하고 마늘, 양파, 파프리카를 넣고 볶다가 다진 오징어를 넣고 더 볶은 뒤 토마토소스를 넣는다.
6. 5에 쌀을 넣고 빠에야 시즈닝, 소금을 뿌린 뒤 고르게 섞어서 평평하게 다듬은 다음 끓여 둔 육수를 자작하게 붓는다. +육수가 줄어드는 동안 절대로 뒤적이지 않는다.
7. 물기가 줄어들면 볶아 둔 해산물을 가지런히 올리고 레몬 슬라이스를 해산물 사이사이 끼워 넣는다.
8. 뚜껑을 덮고 약불에서 8~10분간 익힌다.
9. 밥이 다 익으면 파슬리를 뿌린 뒤 개인 접시에 덜어 먹는다.

참외 광어 세비체

광어회
참외 ½개
레몬 1개
양파 ¼개
딜 조금(다른 허브로 대체 가능)
케이퍼 조금(선택)

레몬딜 드레싱

레몬즙 40ml(레몬 1개 분량)
올리브오일 20ml
알룰로스 또는 올리고당 3큰술
홀그레인 머스터드 1큰술
소금 1꼬집
레몬 제스트 조금

광어 밑간

소금, 후추 약간

참외와 광어의 조합으로 세비체를 만들어 보세요. 참외의 은은한 단맛과 상큼함이 부드럽고 쫄깃한 광어와 어우러져 세련된 맛을 완성합니다. 차갑게 칠링한 화이트와인까지 곁들이면 금상첨화!

Recipe

1. 광어회를 밑간한다.
2. 참외는 결을 따라 껍질을 띄엄띄엄 벗기고 얇게 썬다.
3. 레몬은 껍질을 필러로 얇게 밀어서 일부는 제스트를 만들고 일부는 슬라이스, 양파는 채 썬다.
4. 레몬딜 드레싱 재료를 섞는다.
5. 그릇에 광어, 참외, 양파를 올리고 드레싱을 뿌린 뒤, 딜과 케이퍼, 레몬 슬라이스, 레몬 제스트를 뿌린다.

연어 스테이크 샐러드

캠핑 중 친구들과 횟감 연어인 줄 알고 사 온 것이 사실은 구이용이었다는 걸 알게 됐어요.
당황했지만 메뉴를 재빨리 바꿔, 노릇하게 구운 연어 스테이크로 즐기기로 했죠.
준비해 간 샐러드 재료와 마요네즈로 즉석 소스를 만들고, 석류와 딜을 가니시로 더하니
예상치 못한 근사한 요리가 탄생했어요. 소스 만들기가 번거롭다면 시판 홀스래디시 소스에
다진 딜이나 이탈리안 파슬리를 더해 간편하게 즐겨 보세요.

연어 필렛 스테이크용 400g
허브 시즈닝
소금 약간
샐러드 채소
석류 또는 건 크랜베리 조금
케이퍼 약간
올리브오일
레몬 슬라이스
딜 약간(장식용)

마요네즈 소스(또는 시판 홀스래디쉬 소스)
마요네즈 8큰술
씨 겨자 1큰술
허니머스터드 1큰술
다진 양파 3~4큰술
설탕 ½작은술
연겨자 1큰술
후추 조금
다진 피클 1큰술 또는 랠리쉬 소스
다진 딜 적당히

Recipe

1. 연어는 물기를 제거한 뒤 허브 시즈닝, 소금으로 밑간한다.
2. 볼에 소스 재료를 잘 섞어 둔다.
3. 달군 팬에 올리브오일을 두르고 연어를 노릇하게 굽는다.
4. 접시에 케이퍼, 샐러드 채소, 연어, 레몬 슬라이스를 올리고 석류와 딜로 장식한 뒤 소스를 곁들인다.

레몬드레싱 문어 새우 컵 샐러드

아보카도 1개
양파 ½개
방울토마토 8~10개
자숙문어 다리 2줄
새우 10마리
샐러드 채소 또는 베이비 루콜라

밑간
소금, 후추 적당량

소스
레몬 1개(즙+레몬 제스트)
올리브오일 20g
꿀 20g
딜 1g
소금 두 꼬집

여럿이 함께하는 캠핑에서는 음식을 앞접시에 덜어 먹는 경우가 많지만, 다회용 컵에 개별로 담아내면 특별히 대접받는 기분이 들어요. 특히 샐러드처럼 메인 재료가 먼저 사라지기 쉬운 요리를 공평하게 나눠 먹기에 좋은 방법이죠. 보기에도 예쁘고, 캠핑 테이블을 한층 세련되게 연출할 수 있어 빛을 발하는 아이템이에요!

Recipe

1. 아보카도는 껍질을 벗겨 길게 썰고, 양파는 얇게 채썰기, 방울토마토는 이등분한다.
2. 자숙문어, 새우살은 데쳐서 밑간한다.
3. 컵에 샐러드 채소를 나눠 담고 손질한 재료를 보기 좋게 올린다.
4. 소스 재료를 잘 섞어서 뿌린다.

PART 3

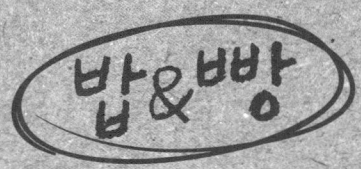

봄나물 주먹밥	길거리 토스트
훈제 오리구이 연잎 쌈밥	클럽 오픈 토스트
명란구이 냉이 솥밥	스페니시 오믈렛 토스트
토마토 스테이크 솥밥	그릴드 화이타/타코
문어 톳 솥밥	사과 팬케이크
토르티야 햄버거	
고추장 불고기 타르타르 피타포켓	
잠봉 바게트 샌드위치	

봄나물 주먹밥

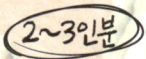

밥 2공기
잘 익은 아보카도 1개
두릅 100g
머윗잎 또는 호박잎 10장

밥 밑간
참기름 2큰술
양조간장 1큰술
참깨 1큰술
소금 2꼬집

토핑 소스
A. 쌈장 견과류 소스
시판 쌈장 3큰술
들기름 2큰술
아몬드 또는 땅콩 7~8알
(또는 땅콩잼 1큰술)

B. 저염 명란 마요 소스
마요네즈 3큰술
저염 명란 2줄
청양고추 2~3개
참기름 1큰술
참깨 조금

머위를 캐 온 친구 덕분에 오랜만에 나물 주먹밥을 만들어 봤어요. 두릅 특유의 쌉싸름한 맛이 부담스럽다면, 아보카도로 감싸 부드럽고 고소한 풍미를 더해보세요. 각자 하고 싶은 일을 하면서 하나씩 손으로 집어 먹는 재미가 쏠쏠하답니다. 토핑 소스는 워낙 맛있어서, 간편하게 깻잎이나 상추에 밥을 싸서 즐기기만 해도 훌륭한 한 끼가 완성돼요. 나물 본연의 맛을 그대로 느끼면서도, 손맛까지 더해져 더욱 특별한 메뉴가 됩니다.

Recipe

1. 밥 2공기 모두 밑간 재료를 넣고 고르게 섞는다.
2. 끓는 물에 준비한 나물(두릅, 머위)을 데친다.
3. 아보카도는 씨를 제거 후 얇게 썬다.
4. 토핑 소스를 볼에 잘 섞는다.
5. 밥을 한입 크기로 동그랗게 말아서 나물, 아보카도로 감싼다.
6. 토핑 소스를 얹어 먹는다.

훈제 오리구이 연잎 쌈밥

연잎밥(시판 냉동) 2개
훈제 오리 슬라이스 300g
부추 한 줌 200g
팽이버섯 300g

양념장

간장 2큰술
식초 1큰술
연겨자 1큰술
설탕 ½큰술
맛술 1큰술
깨소금 1큰술

또는

참 소스

한정식 식당에서나 맛볼 수 있을 것 같은 연잎 영양밥, 이제는 온라인으로도 간편하게 즐길 수 있어요. 냉동 상태로 배송된 연잎밥을 훈제 오리, 채소와 함께 찜기에 올려 찌기만 하면 갓 지은 듯 고슬고슬한 밥과 은은한 연잎 향이 어우러져 입안 가득 깊은 풍미가 퍼집니다. 훈제 오리는 새콤한 간장 양념장과도 잘 어울리지만, 시판 참 소스에 연겨자를 살짝 풀어 곁들이면 입맛을 확 살려주는 또 다른 매력이 있어요.
고급스러운 한 상이 손쉽게 완성되는 캠핑 밥상, 가끔은 이런 격식 있는 메뉴로 특별한 하루를 만들어보는 건 어떨까요?

Recipe

1. 부추는 먹기 좋게 8cm 길이로 자른다.
2. 김이 오른 찜기에 연잎밥, 훈제 오리, 팽이버섯, 부추를 넣고 7~10분 정도 찐다.
3. 양념장 재료를 고르게 섞어서 곁들여 먹는다.

명란구이 냉이 솥밥

 2인분

저염 명란 100g
냉이 또는 다진 미나리 한 줌
쌀 2컵
물 2컵
버터

양념장
쪽파 1대
참깨 조금
참기름 1큰술

캠핑에서 솥밥을 지을 땐, 쌀을 미리 씻어 축축한 상태로 통에 담아가는 걸 추천해요. 현장에서 따로 불릴 필요 없이 바로 밥을 지을 수 있어 훨씬 간편하거든요. 솥밥이나 반합밥이 어렵게 느껴진다면, 고체 연료나 알콜 스토브를 활용해 보세요. 이런 열원은 일정한 온도를 유지해 주기 때문에 불 조절 걱정 없이, 열원이 다 탈 때까지 그대로 두기만 해도 맛있는 밥이 완성돼요.
자연 속에서 여유롭게 즐기는 한 끼, 약간의 준비만으로도 훨씬 쉽고 맛있게 만들 수 있답니다.

Recipe

1. 쌀을 20분 동안 불리는 사이 팬에 버터를 녹여 명란을 굽는다.
2. 냉이는 먹기 좋게 썰고 쪽파는 송송 썬다.
3. 냄비에 불린 쌀과 분량의 물을 넣고 중불에서 5분간 끓인 뒤 약불로 줄여 냉이와 구운 명란을 넣고 10분간 익힌다.
4. 불을 끄고 15분간 뜸을 들인 뒤 먹기 전 양념장을 고르게 섞어 곁들여 먹는다.

Tip 냉이는 겨울부터 이듬해 봄철까지만 먹을 수 있으니 그 외의 계절에는 미나리로 대신하세요.

토마토 스테이크 솥밥

 2인분

채끝 또는 등심 200g
불린 쌀 2컵
물 2컵
토마토 1개
마늘 3~4톨
올리브오일
소금
버터 1큰술

간장 소스
양조간장 4큰술
물 4큰술
설탕 1큰술
후추 조금
양파 1/3개
생강 1/2톨

은은하게 퍼지는 토마토 향이 밥에 스며들어, 스테이크와 어우러질 때 그 매력이 배가돼요. 여기에 달콤한 간장소스와 바삭한 마늘 칩까지 더하면, 입안 가득 풍미가 터지죠.
누구나 한 입 먹는 순간, "와!"하고 감탄할 맛이에요.

Recipe

1. 채끝은 소금, 올리브오일을 뿌려 시즈닝하고 마늘은 편 썬다.
2. 솥에 올리브오일을 두른 뒤 마늘을 노릇하게 익혀 마늘 칩을 만든다.
3. 마늘을 꺼낸 뒤 같은 솥에 불린 쌀을 넣고 약불에서 볶다가 쌀과 동량의 물을 넣고 상단에 칼집을 넣은 토마토를 중앙에 올린 후 뚜껑을 덮고 중불에서 5분, 약불에서 10분 익힌 뒤 불을 끄고 15분간 뜸을 들인다.
4. 달군 팬에 버터 1큰술을 넣고 시즈닝한 등심을 중불에서 앞뒤로 노릇하게 구운 뒤 한입 크기로 먹기 좋게 썬다. +이때 직화로 구워도 맛있다.
5. 양파와 생강을 얇게 썰어서 나머지 간장 소스 재료와 함께 팬에 넣고 약불에서 졸인다.
6. 솥밥에 스테이크를 가지런히 올리고 2에서 만든 마늘 칩과 소스를 곁들인다.

 생강이 중요한 역할을 해요. 없다면 생강가루를 넣어도 좋아요.

문어 톳 솥밥

2인분

자숙 문어 200g
쌀 2컵
물 2컵
톳(건조톳) 50g
표고버섯 1개
쪽파 1줄 또는 부추 조금
버터 1큰술

밥 밑간

쯔유 2큰술
다시마 1조각

양념장

간장 4큰술
청주 1큰술
다진 청양고추 1개
다진 파 1큰술
물 2큰술
참기름 1큰술
깨소금 1큰술
올리고당 1작은술
후추 약간

은은한 바다향의 톳, 감칠맛 깊은 표고버섯, 그리고 쯔유의 조화가 어우러진 일식 스타일 솥밥이에요. 톳이 없다면, 향긋한 깻잎이나 다진 미역으로 대체해도 훌륭한 맛을 즐길 수 있어요.

Recipe

1. 쌀을 씻어서 20분가량 불린 뒤 체에 밭쳐 둔다.
2. 자숙 문어 다리 두 개 중 하나는 얇게 썰고 하나는 모양 그대로 칼집을 낸다. 표고버섯은 얇게 썬다.
3. 달군 팬에 버터를 넣고 칼집만 넣은 문어 다리를 센불에서 코팅하듯 1~2분간 굽는다.
4. 냄비에 불린 쌀과 분량의 물, 다시마, 쯔유를 넣고 톳과 얇게 썬 문어, 표고버섯을 올려 중불에서 5분간 끓인다.
5. 약불에서 10분 더 끓인 뒤 불을 끄고 구운 문어를 올리고 뚜껑을 덮어 15분간 뜸을 들인다.
6. 먹기 직전 송송 썬 쪽파를 뿌리고 양념장을 곁들인다.

토르티야 햄버거

 2~3인분

소고기 다짐육 400g
토르티야 지름 15cm 5장
양상추 3~4장
양파 ½개
슬라이스 치즈 5장
아보카도 1개 또는 냉동 큐브 200g
미니 오이피클 5개
식용유

고기 밑간용

허브 바질 가루(대체 가능)
소금, 후추 약간

소스

마요네즈 3큰술
케첩 3큰술
스리라차 소스(선택)
핫소스(선택)

호불호 없이 누구나 좋아할 간편한 토르티야 버거예요. 모든 재료를 다 준비하지 않아도 괜찮아요. 소고기 다짐육, 치즈, 채소 한 가지 정도만 넣어도 든든하거든요. 토르티야로 감싸 가볍게 즐길 수 있어 출출한 오후 간식이나 캠핑 간편식으로 딱이에요. 간단하지만 만족스러운 한 끼, 집밥 메뉴로도 추천해요!

Recipe

1. 소고기 다짐육에 소금, 후추, 허브 가루를 넣고 밑간한다.
2. 양상추는 먹기 좋은 크기로 자르고 양파, 아보카도, 오이피클은 슬라이스, 소스 재료는 볼에 섞는다.
3. 토르티야 한쪽 면에 소고기 다짐육을 넓게 펴 붙인다.
4. 달군 팬에 식용유를 두르고 다짐육이 붙어있는 면을 굽는다.
5. 다짐육이 익으면 약불로 줄이고 뒤집어서 슬라이스 치즈를 올린다.
6. 양상추와 양파, 아보카도, 피클을 올린 뒤 소스를 뿌리고 토르티야를 반으로 접는다.

고추장 불고기 타르타르 피타포켓

피타포켓 브레드 3~4장
양상추 100g
와일드 루콜라 30g(선택)
삼겹살(또는 앞다리 살) 600g
식용유
대파 1대

불고기 양념
고추장 3큰술
맛술 3큰술
고춧가루 3큰술
다진 마늘 1큰술
설탕 1큰술
다진 생강 1작은술
참기름 1큰술
양조간장 1큰술
올리고당 1큰술
후추 약간

달걀 타르타르소스
달걀 5개
마요네즈 ½컵(100g)
허니머스터드 2큰술
홀그레인 머스터드 1큰술
설탕 1큰술
올리고당 1큰술
소금 두 꼬집
후추 취향껏

하동에 벚꽃 보러 백패킹을 갔을 때, 친구들과 함께 즐긴 특별한 메뉴예요. 불 사용을 최소화하고 조리 시간을 줄이기 위해, 고추장 불고기는 미리 양념해 가고, 달걀 타르타르소스도 집에서 만들어 갔죠. 현장에서는 고기만 간단히 볶아 준비해 둔 재료를 빵 속에 가득 채우면 완성! 오이나 아보카도 등을 추가하면 한층 더 신선하고 풍성한 맛을 즐길 수 있어요. 피타 브레드는 겉은 얇고 속은 비어 있어 재료를 넣기 좋아요. 없을 땐 토르티야로 대체해도 무방해요.
간단하면서도 근사한 한 끼, 백패킹이나 캠핑에서 정말 추천하고 싶은 메뉴랍니다.

Recipe

1. 고기를 준비한 양념으로 밑간하고 달걀은 12분간 중불에 삶는다.
2. 달군 팬에 식용유를 두르고 밑간한 고기를 볶다가 송송 썬 대파를 넣어 마저 익힌다.
3. 삶은 달걀을 으깨서 나머지 소스 재료와 섞는다.
4. 피타포켓 브레드를 이등분한 뒤 양상추, 루콜라, 고추장불고기, 달걀 타르타르소스로 속을 채운다.

잠봉 바게트 샌드위치

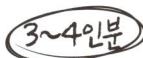

바게트 6조각
버터 2큰술(바게트 구울 때)
버터 300g
잠봉 6장
와일드 루콜라 18~20잎
양상추 3~4장
토마토 1개
오이피클 슬라이스
바질페스토 3큰술

바게트에 잠봉과 버터를 올린 한입 크기 오픈샌드위치예요. 바게트는 굽지 않아도 충분히 맛있어, 불 사용이 어려운 캠핑장이나 피크닉에서도 간편하게 즐길 수 있어요. 잠봉 대신 슬라이스 햄을 사용해도 좋고, 이쑤시개나 픽을 꽂아 고정하면 모양이 흐트러지지 않게 완성할 수 있어요 가볍지만 고급스러운 분위기를 낼 수 있어, 간단한 브런치나 와인 안주로 즐기는 메뉴예요.

Recipe

1. 달군 팬에 버터를 넣고 바게트를 노릇노릇 앞뒤로 굽는다.
2. 토마토는 모양대로 얇게 썰어 씨를 제거하고 버터는 0.3cm 두께로 빵과 같은 크기로 자른다.
3. 빵에 버터를 올리고 바질페스토를 바른다.
4. 양상추-토마토-피클-잠봉-루콜라 순서로 빵에 올린다.

길거리 토스트

식빵 8장
양배추 1/6개
양파 1/2개
당근 1/4개
쪽파 2~3줄기
슬라이스 치즈 4장
슬라이스 햄 4장
버터 100g
설탕 4큰술
케첩
딸기잼(선택)

달걀물

달걀 5개
설탕 1/2큰술
소금 1/2작은술

아삭한 양배추와 고소한 달걀이 어우러진 길거리 토스트는 누구나 좋아할 간편한 캠핑 메뉴예요. 아침 겸 점심으로 즐기기 좋고, 텐트를 설치한 뒤 출출할 때 만들어 먹기에도 안성맞춤이죠. 그리들을 활용하면 모든 재료를 한 번에 조리할 수 있어 편리해요. 중앙의 높은 열에는 달걀옷을 입힌 채소를, 바깥쪽에는 식빵과 햄을 올려 노릇하게 익히면 빠르고 효율적으로 완성할 수 있답니다.

Recipe

1. 양배추, 양파, 당근, 쪽파를 얇게 채 썬다.
2. 달걀물에 1의 재료를 넣고 채소 달걀물을 만든다.
3. 달군 팬에 버터를 두르고 식빵을 노릇하게 굽는다.
4. 식빵을 구운 팬에 버터를 더 녹여서 채소 달걀물을 식빵과 비슷한 크기로 올리고 노릇하게 익힌다.
5. 식빵 위에 설탕을 뿌리고 달걀 채소 부침, 슬라이스 햄, 슬라이스 치즈를 올리고 케첩을 바른 뒤 식빵을 덮는다. +취향에 따라 딸기잼을 바른다.

클럽 오픈 토스트

2인분

식빵 2개
슬라이스 치즈 2장
양상추 3~4장
아보카도 1개
얇은 생햄 적당히
달걀 2개
양파 1/2개
토마토 1개
버터 2큰술

소스

마요네즈 4큰술
허니머스터드 2큰술
홀그레인 머스터드 1/2작은술
소금 1꼬집

다양한 재료를 듬뿍 올려 영양과 포만감을 모두 챙길 수 있는 오픈 토스트예요. 베이컨이나 피클을 더해도 좋고, 재료의 조합에 따라 나만의 맛을 완성할 수 있어요.

시원한 바람 속, 커피 한 잔과 함께 우아하게 즐기려던 캠핑 아침. 그런데 반숙 노른자가 흐르며 소매에 얼룩이 남았던 기억, 혹시 있으신가요? 그런 실수를 피하려면, 이쑤시개로 고정한 뒤 한입 크기로 잘라 먹는 게 좋아요.

캠핑은 물론, 여유로운 주말 아침 메뉴로도 추천해요.

Recipe

1. 양파, 토마토, 아보카도는 얇게 썰고 소스 재료는 볼에 섞는다.
2. 달군 팬에 버터를 넣어 식빵을 앞뒤로 굽고 달걀프라이를 만든다.
3. 식빵 위에 슬라이스 치즈-소스-양파-달걀프라이-양상추-소스-햄-아보카도 순서로 차곡차곡 쌓고 이쑤시개로 고정한다.

스페니시 오믈렛 토스트

1~2인분

달걀 2개
고다치즈 슬라이스 1장
방울토마토 3~4개
바질 2~3잎
버터 2.5큰술
체더 슈레드 치즈(선택)
소금, 후추 약간
식빵 또는 호밀빵
샐러드 채소 50g

달걀을 따로 풀 필요 없이 그냥 프라이한 뒤, 원하는 재료만 더하면 완성되는 초간단 원팬 요리예요. 바쁜 아침이나 캠핑에서도 손쉽게 만들 수 있어 정말 유용하죠. 특히 고다 치즈와 바질잎을 넣으면 풍미가 한층 깊어져요. 쫀득하고 고소한 맛을 원한다면 모차렐라나 브리 치즈를 추가해도 좋아요.

Recipe

1. 예열한 그리들에 버터 1큰술을 넣고 달걀프라이를 만든다.
2. 달걀 위에 이등분한 방울토마토, 고다치즈, 바질을 얹고 살짝 더 익힌다.
3. 소금, 후추로 간한다.
4. 팬에 버터 $\frac{1}{2}$큰술을 두르고 준비한 빵을 앞뒤로 노릇하게 굽는다.
5. 샐러드 채소와 오믈렛, 식빵을 접시에 담고 체더치즈 가루를 솔솔 뿌린다.

그릴드 화이타/타코

화이타(Fajita)는 멕시코와 텍사스 음식 문화가 어우러진 대표적인 텍스멕스(Tex-Mex) 요리예요. 쇠고기, 닭고기, 돼지고기, 새우 등 다양한 고기와 채소를 볶아 따뜻하게 즐기는 것이 특징이죠.
보통은 재료를 접시에 담아두고, 각자 토르티야에 싸 먹지만 비슷한 요리인 타코와는 차이가 있어요. 타코는 재료를 토르티야에 미리 올려 완성된 상태로 서빙된다는 점이 다르답니다. 저는 개인적으로 타코처럼 미리 만들어 두었다가, 먹기 직전에 팬에 살짝 구워 따뜻하게 즐기는 걸 좋아해요. 간편하면서도 따끈한 맛을 놓치지 않을 수 있거든요. 다만, 토르티야가 시간이 지나면 조금 축축해질 수 있으니 참고하세요.
캠핑이든 집이든 누구나 손쉽게 만들 수 있고, 각자 취향에 따라 자유롭게 즐길 수 있어 더욱 매력적인 메뉴예요.

토르티야 8~10장
닭가슴살 400g
새우 12~16마리
파프리카 1개
양파 ½개
아보카도 1개
사워크림 200g
고수 또는 파슬리 30g
소금, 후추
체더 슈레드 치즈 100g
라임 또는 레몬
할라피뇨 100g
올리브오일

닭가슴살/새우살 밑간

케이준 시즈닝 또는 카레 가루 2큰술
소금 약간

살사 소스

다진 토마토 1개
다진 양파 ¼개
올리브오일 3큰술
라임즙 ½개
설탕 ½큰술
타바스코소스 1큰술
소금 1꼬집

과카몰레

아보카도 1개
다진 토마토 ½개
다진 할라피뇨 ½큰술
레몬즙(또는 라임즙) ½개

Recipe

1. 깨끗하게 손질한 닭가슴살은 물기를 제거한 뒤 새우살과 함께 밑간한다.
2. 파프리카, 양파는 작게 다지고 아보카도 1개는 반달 모양으로 얇게 자른다.
3. 살사 소스 재료를 고르게 섞는다.
4. 또 다른 아보카도 1개를 으깨서 나머지 과카몰레 재료와 섞는다.
5. 달군 팬에 올리브오일을 두르고 닭가슴살과 새우를 구운 뒤 2에서 손질한 파프리카와 양파를 추가하고 볶는다.
6. 토르티야를 앞뒤로 따뜻하게 데워서 사워크림을 바르고 5에서 볶은 재료들을 올리고 토핑용 슈레드 치즈와 고수를 올린다.
7. 라임을 뿌리고 살사소스와 할라피뇨를 곁들인다.

사과 팬케이크

사과에 팬케이크 반죽을 입혀 구워 보세요. 부드러운 팬케이크와 아삭한 사과, 여기에 은은한 시나몬 향까지 더해지면 완벽한 조합이에요. 팬케이크만 먹으면 금세 느끼해질 수 있지만, 사과가 더해지면 끝까지 맛있게 즐길 수 있어요. 제철 과일이나 견과류, 요거트, 메이플 시럽을 곁들이면 "여기가 캠핑장이야, 카페야?" 싶은 멋진 디저트가 완성됩니다. 색다른 브런치나 간식을 찾고 있다면, 꼭 한번 시도해 보세요!

> 2~3인분

팬케이크 믹스 100g
우유 30ml
시나몬 가루 ½작은술(선택)
달걀 1개
사과 1개
버터 1큰술
메이플 시럽 또는 요거트

토핑
무화과
샤인머스캣
블루베리
또는 제철 과일

Recipe

1. 팬케이크 믹스와 우유, 달걀, 시나몬 가루를 섞어 반죽한다.
2. 사과를 모양대로 얇게 썬 뒤 반죽옷을 입힌다.
3. 버터 한 큰술을 팬에 두르고 사과 반죽을 앞뒤로 노릇하게 굽는다.
4. 사과 팬케이크를 그릇에 올리고 과일을 토핑한 뒤 취향에 따라 메이플 시럽이나 요거트를 끼얹는다.

PART 4

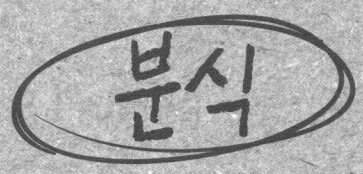
분식

가지 롤라티니	쪽파 크림치즈 연어 플래터
타코야끼	마시멜로 호떡구이
차돌 누들 떡볶이	뱅쇼
꽃게 어묵탕	스모어 쿠키
쿠시가츠 (모듬 꼬치 튀김)	딸기 산타
매콤 치즈딥 새우 나쵸	크리스마스 캠핑 테이블
스팸 감자전	버라이어티 샐러드
납작만두 깻잎전	
굴파전	

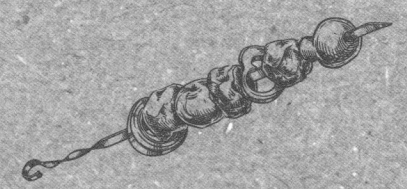

가지 롤라티니

가지에 맛있는 속을 채워 돌돌 말아 구워 내는 롤라티니는 이탈리아에서 유래한 매력적인 요리예요. 도우 없이 즐기는 떠먹는 피자 같달까요? 리코타, 체더, 고다 등 취향에 따라 치즈를 다양하게 넣어도 좋고, 가지 대신 애호박을 사용하면 또 다른 풍미를 즐길 수 있어요. 캠핑의 품격을 한층 높여줄 와인 안주 겸 식사 메뉴로 강력 추천합니다.

2인분

가지 1개
크림치즈 50g
모차렐라 치즈 80g
스트링치즈 2~3개
올리브오일
베이컨 100g
토마토소스 200g
양송이버섯 2개
양파 1/3개
바질잎 10g
소금, 후추 약간

곁들임
바게트 또는 모닝빵

Recipe

1. 가지는 모양대로 길고 얇게 썰고, 베이컨은 3X4cm 폭으로 자르기, 스트링치즈는 3등분, 양파, 양송이는 다진다. 자르고 남은 베이컨은 다진다.
2. 달군 팬에 올리브오일을 두르고 가지를 노릇하게 굽는다.
3. 구운 가지 위에 크림치즈를 바르고 베이컨, 모차렐라 치즈, 스트링치즈, 바질잎, 크림치즈를 올려 돌돌 말아 가지롤을 만든다.
4. 팬에 토마토소스, 양파, 양송이, 다진 베이컨, 약간의 소금과 후추를 넣고 한소끔 끓인다.
5. 가자 롤을 올리고 뚜껑을 덮거나 쿠킹포일로 감싸 약불에서 6~7분간 익힌다.
6. 바게트나 모닝빵을 곁들여 먹는다.

타코야끼

캠핑의 긴긴밤이 더욱 기다려지는 추천 메뉴예요.
가을 단풍이 물든 캠핑장에서 친구와 함께 만든 타코야키는 잊지 못할 추억이 되었어요.
각자 타코야키 믹스와 키트를 챙겨 가, 화로대 위에 두 개의 타코야키 팬을 나란히 올리고 배틀하듯
타코야키를 굴렸죠. 장작불 연기에 눈이 시큰한 순간도, 가문어 없는 '공갈 타코야키'가 탄생한 해프닝도
모두 즐거움의 일부였어요. 타코야키를 굽다 보면 어느새 양이 많아지고, 옆 캠퍼들과 나눠 먹으며
새로운 인연이 생기기도 해요. 함께 요리하고 웃으며 보내는 긴 밤, 이런 게 캠핑의 묘미죠.

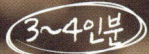 3~4인분

타코야키 믹스 400g, 물 1.2ℓ, 달걀 3개,
우유 80ml, 새우살 200g, 가문어 200g,
다진 쪽파 30g, 가다랑어포 20g,
덴가스립 20g, 파래 가루 10g, 식용유, 마요네즈

타코야키 팬, 장송곳, 기름 붓

Recipe

1. 볼에 타코야키 믹스, 물, 달걀, 우유를 넣고 잘 섞어 타코야키 반죽을 만든다.
2. 예열한 타코야키 팬에 식용유를 붓고 기름붓으로 고르게 바른다.
3. 반죽을 붓고 새우살, 가문어, 덴가스립, 쪽파를 순서대로 넣고 장송곳으로 굴려준다.
4. 타코야키가 노릇하게 익으면 접시에 옮겨 가다랑어포와 파래 가루를 뿌리고 마요네즈를 곁들인다.

차돌 누들 떡볶이

2~3인분

차돌박이 200g
깻잎 2~3장
대파 ½개
어묵 100g
시판 누들 떡볶이

남녀노소 모두가 좋아하는 국민 간식, 떡볶이! 시판 밀키트에 차돌박이를 추가하면 국물이 훨씬 깊고 맛있어요. 취향에 따라 모차렐라 치즈를 올려도 좋아요. 집에서도, 캠핑장에서도 언제나 환영받는 든든한 간식입니다.

Recipe

1. 깻잎은 얇게 채썰기, 어묵은 먹기 좋게 자른다.
2. 달군 팬에 차돌박이를 볶은 뒤 접시에 담아 둔다.
3. 2번 팬에 시판 떡볶이 키트의 레시피에 따라 물과 소스를 넣고 대파와 어묵을 넣어 한소끔 끓인다.
4. 떡에 양념이 배면 불을 끄고 구운 차돌박이와 깻잎을 올리고 버무려 먹는다.

꽃게 어묵탕

3~4인분

사각 어묵 600g
가래떡 3~4개
물 2ℓ
꽃게 2마리
무 1/6조각
다시마 1장(5X5)
멸치 5~6개
빨간 건고추 2개(선택)
대파 1대
어간장 4큰술
소금, 후추
청양고추 2~3개
쑥갓(선택)
꼬치

어묵탕은 캠핑에서 침낭 같은 존재예요. 여름에도 비가 오면 쌀쌀해지는데, 이럴 때 따끈한 어묵 국물과 말랑한 어묵 한입이면 몸과 마음이 든든해져요. 어묵은 해산물과도 잘 어울려서, 꽃게를 함께 넣으면 국물 맛이 훨씬 깊어져요. 우러난 육수는 다른 요리에 활용해도 좋고, 국물 속에 익은 꽃게살은 감칠맛이 살아 있어, 그냥 먹어도 별미죠.

저는 냉동 꽃게 한 팩을 미리 사 두었다가, 캠핑 갈 때 두 마리씩 챙겨가곤 해요. 가성비 좋고 활용도 높아 강력 추천하는 꿀팁이에요. 꽃게 대신 백 골뱅이를 넣어도 맛있어요. 짭조름한 감칠맛이 더해져 또 다른 매력을 느낄 수 있답니다.

Recipe

1. 사각 어묵과 가래떡을 꼬치에 꽂는다.
2. 대파는 어슷썰기, 무는 큼직하게 썬다.
3. 냄비에 물을 붓고 꽃게, 대파, 무, 다시마, 멸치, 건고추를 넣고 끓이다가 멸치는 건진다.
4. 어묵 떡꼬치를 냄비에 추가해 푹 끓인 뒤 어간장, 소금, 후추로 간을 한 뒤 취향에 따라 청양고추를 넣는다.
5. 먹기 전 쑥갓을 넣는다.

쿠시가츠 (모듬 꼬치 튀김)

꼬치처럼 하나씩 집어 먹는 튀김은 캠핑에서의 또 다른 즐거움이에요. 특히 브리치즈와 비엔나소시지는 감칠맛이 가득해 별미 중의 별미죠. 여기에 유자 폰즈소스로 버무린 아삭한 양배추를 곁들이면, 느끼함은 싹 잡히고 상큼한 풍미가 더해져 조화로운 맛을 즐길 수 있어요.

스트링치즈, 메추리알, 스팸, 연근, 어묵 등 다양한 재료를 함께 튀기면 식감도 풍미도 훨씬 다채로워져요. 고소하고 바삭한 튀김에 시원한 맥주 한 잔을 곁들이면, 그야말로 환상의 조합! 벌써 맥주가 당기신다고요? 그렇다면 이 메뉴로 캠핑의 낭만을 제대로 만끽해 보세요.

3~4인분

새우 10마리, 닭가슴살 200g, 비엔나소시지 200g, 브리치즈 100g, 양배추 200g, 유자 폰즈소스

튀김용
식용유, 달걀, 케이준 시즈닝
달걀 2~3개, 밀가루, 빵가루, 파슬리 가루

소스
소금, 고추냉이, 돈가스 소스

나무 꼬치

Recipe

1. 닭가슴살은 한입 크기로 썰고 브리치즈는 6등분 한다.
2. 닭가슴살과 새우는 케이준 시즈닝 분말로 밑간한다.
3. 닭가슴살, 새우, 비엔나소시지, 브리치즈 재료를 각각 꼬치에 꽂는다.
4. 달걀은 풀어서 소금 한 꼬집을 넣어 달걀물을 만들고, 빵가루에 파슬리 가루를 추가한다.
5. 꼬치에 꽂은 재료에 밀가루-달걀물-빵가루 순서대로 묻힌다.
6. 양배추는 먹기 좋게 썰어 유자 폰즈소스로 버무린다.
7. 팬에 식용유를 넉넉히 넣고 180도 온도에서 닭가슴살을 튀긴 후 중불(약 170도)로 줄이고 나머지 재료들을 튀긴다.
8. 넓은 도마 또는 접시에 튀김 꼬치를 올리고 소스 재료를 각각 볼에 담아 곁들인다.

매콤 치즈딥 새우 나초

2~3인분

새우 10~12마리
냉동 만두피 1팩
방울토마토 5~6개
홍고추 3~4개
레몬 1개
버터 2큰술
다진 마늘 2큰술
어린잎 채소 또는 베이비 루콜라
소금, 후추
식용유

치즈 딥소스
슬라이스 체더치즈 5장
우유 50ml
버터 1큰술
스리라차 소스 1큰술
올리고당 1큰술
소금 약간

또는
· 시판 나초 치즈 소스+스리라차 소스
· 케요네즈 소스 (케첩+마요+스리라차)

맥주나 와인 안주로 강력 추천하는 메뉴예요! 바삭하게 튀긴 만두피 위에 갈릭 버터에 노릇하게 구운 새우, 그리고 매콤한 치즈 소스까지, 한입 베어 물면 입안에서 풍미가 폭발해요.
빨간 고추가 없다면, 대파 흰 대를 바삭하게 구워 곁들여 보세요. 고소하면서도 은은한 단맛이 더해져 색다른 매력을 느낄 수 있어요. 소스 만들기가 번거롭다면 시판 소스를 조합해 간편하게 완성하는 것도 좋은 방법!
매콤함, 짭조름함, 고소함이 완벽하게 어우러진 이 메뉴, 캠핑은 물론 집에서의 특별한 날에도 눈과 입을 모두 사로잡을 거예요.

Recipe

1. 레몬은 세로로 6등분, 방울토마토는 2등분, 홍고추는 세로로 가른 뒤 이등분한다.
2. 달군 팬에 식용유를 넉넉히 두르고 만두피를 튀긴다.
   +피가 얇아 식용유를 적게 넣어도 잘 튀겨진다.
3. 다른 팬에 버터를 넣고 마늘을 노릇하게 볶다가 새우를 넣고 기호에 맞게 소금, 후추를 뿌린다.
4. 새우가 익으면 방울토마토와 고추를 넣고 볶는다.
5. 접시에 만두피를 올리고 치즈 딥소스, 새우, 방울토마토, 고추를 올린 다음 레몬과 채소를 토핑한다.
6. 남은 만두피는 소스를 찍어 먹는다.

스팸 감자전

계곡으로 캠핑을 떠난 그날, 시원한 물에 발을 담그고 감자채를 썰던 순간이 떠오릅니다. 매미 소리와 물 흐르는 소리에 맞춰 칼질하는 일이 평화롭게 느껴졌죠.
감자전은 순수한 맛만으로도 훌륭하지만, 여기에 스팸을 더하면 짭조름한 감칠맛이 간을 딱 잡아줘요. 감자는 채 썰어 구워야 바삭한 식감이 살아나니 꼭 기억해 주세요. 바삭한 감자전을 한입 베어 물며 자연의 소리를 음미하던 그날, 행복은 생각보다 단순하다는 걸 새삼 느꼈어요.

감자 5~6개
스팸 1캔
소금 약간
식용유

Recipe

1. 감자와 스팸은 얇게 채 썬다.
2. 감자채를 볼에 잠시 담아 두었다가 전분이 가라앉으면 전분은 남기고 물만 버린 뒤 약간의 소금을 넣고 고르게 섞는다.
3. 달군 팬에 식용유를 두르고 2를 펼쳐 올린 후 스팸을 적당히 올린다.
4. 식용유를 추가하며 바삭하게 굽는다.

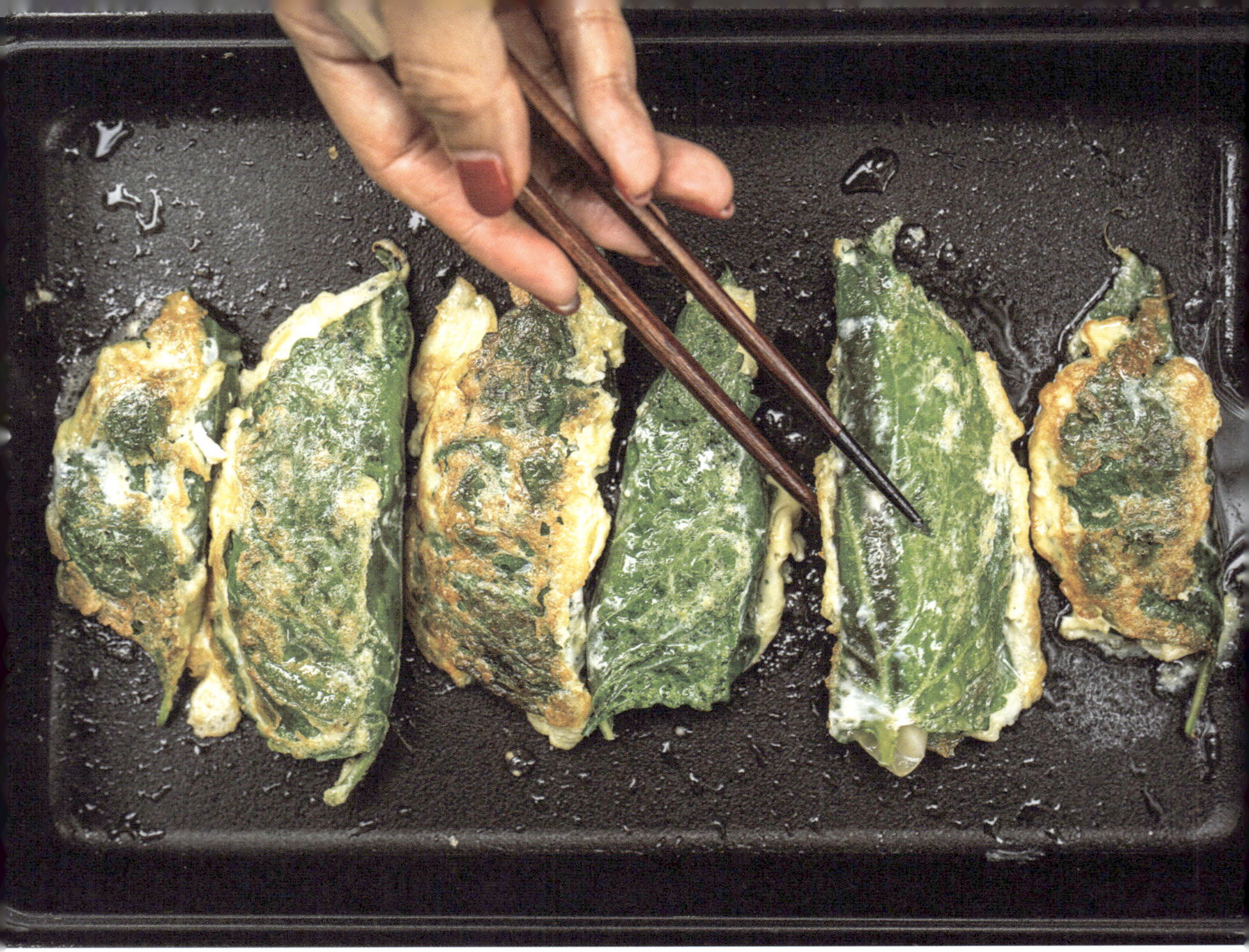
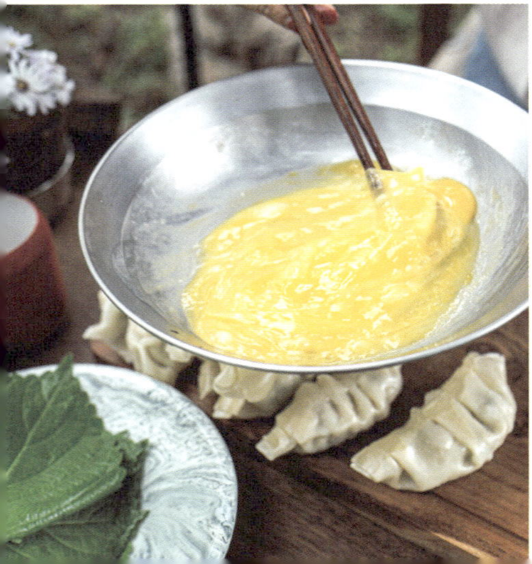
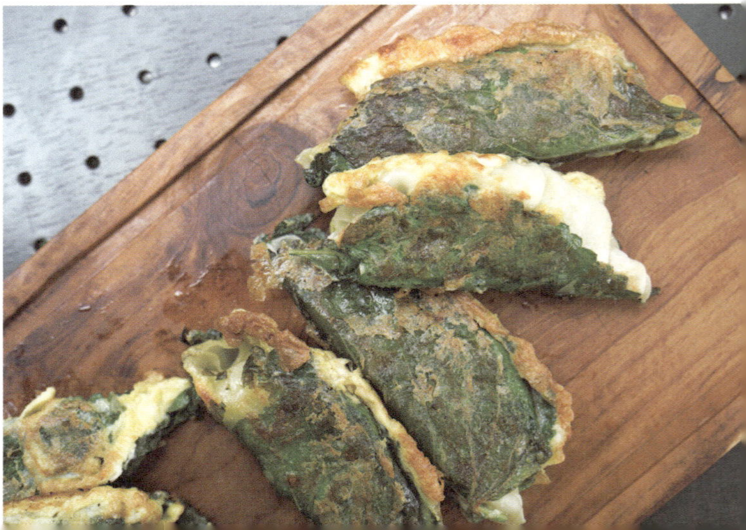

납작만두 깻잎전

냉동 납작만두 12개
깻잎 12장
달걀 2개
소금 1꼬집
식용유

깻잎전이 먹고 싶지만, 고기소를 직접 만들어야 하는 번거로움에 망설여졌다면, 납작만두를 활용한 이 초간단 레시피를 추천해요. SNS에서도 큰 화제를 모았던 아이디어인데요. 냉동 만두에 깻잎을 한 겹 더 감싸 구워내면, 손쉽게 완성되는 고급스러운 깻잎전! 특히 비 오는 날 캠핑장, 더 진하게 느껴지는 깻잎의 풍미를 꼭 느껴보세요.

Recipe

1. 달걀을 풀어 소금 한 꼬집을 넣는다.
2. 깻잎에 납작만두를 올리고 반으로 접은 뒤 달걀물을 입힌다. *+취향에 따라 만두 껍질을 벗기고 만두소만 넣는다.*
3. 달군 팬에 식용유를 두르고 앞뒤로 노릇하게 굽는다.

굴파전

굴 하나하나를 밀가루와 달걀물에 입혀 부치는 굴전과 달리, 굴파전은 굴과 파를 반죽에 한꺼번에 섞어 넓게 부쳐냅니다. 반죽은 굴과 파에 잘 묻도록 묽게 조절하는 것이 포인트! 또 자주 뒤집지 말고, 한 면이 바삭하게 익을 때까지 기다려야 눅눅하지 않고 제대로 된 굴파전이 완성돼요. 굴 특유의 고소한 풍미와 파의 향긋함이 어우러진 굴파전. 막걸리 한 잔과 함께라면, 더할 나위 없는 캠핑 안주가 됩니다.

 2~3인분

굴 400g
쪽파 100g
달걀 2개
간장 2큰술
식용유

반죽

부침가루 1컵
튀김가루 1/3컵
물 1컵
소금 2꼬집

Recipe

1. 쪽파는 반으로 자르고 굴은 깨끗이 씻은 후 체에 밭쳐 물기를 뺀다.
2. 굴에 간장 2큰술을 넣고 고루 버무린다.
3. 반죽 재료를 잘 섞어 묽은 농도로 만든다.
4. 달군 팬에 식용유를 두르고 쪽파를 펼쳐 올린 다음, 반죽을 올리고 마지막에 굴을 올린다.
5. 달걀을 올리고 전을 앞뒤로 노릇하게 부친다.

쪽파 크림치즈 연어 플래터

크림치즈 250g
쪽파 50g
양파 1/4개
레몬 1개
훈제 연어 슬라이스 180g
케이퍼 조금
소금 1작은술
후추 약간
캉파뉴 또는 사워도우
어린잎 채소

Recipe

1. 쪽파와 양파는 곱게 다지고 레몬은 반으로 잘라서 얇게 썬다.
2. 볼에 크림치즈와 1의 재료, 소금 1작은술, 약간의 후추를 넣고 고르게 섞는다.
3. 접시에 2의 크림치즈를 숟가락 뒷면을 이용해 펴 바른다.
4. 연어 슬라이스를 겹쳐서 동그랗게 말아 크림치즈 위에 가지런히 올린다.
5. 케이퍼와 얇게 썬 레몬, 어린잎 채소를 군데군데 올린다.
6. 취향에 따라 후추를 추가하고 빵 위에 얹어 먹는다.

마시멜로 호떡구이

시판 삼립 미니 호떡, 캠퍼들 사이에서 이미 인기 만점이죠. 여기에 눈·코·입을 그려 넣으면, 크리스마스 캠핑 분위기를 한층 살릴 수 있어요. 만드는 법도 간단해서 누구나 쉽게 도전할 수 있고, 눈사람 표정을 그리는 재미 덕분에 어른도 아이도 웃음이 끊이질 않아요. 얼굴을 조금씩 다르게 그려보면 개성 넘치는 눈사람 친구들이 탄생하고, 그 모습 하나하나가 캠핑의 추억이 됩니다. 크리스마스의 따뜻함과 동심을 담은 이 특별한 호떡, 꼭 한번 만들어 보세요.

삼립호떡
마시멜로
초코펜(갈색, 주황색)
따뜻한 물

Recipe

1. 컵에 따뜻한 물을 담아서 초코펜을 녹인다.
2. 초코펜 갈색으로 마시멜로에 눈과 입을, 주황색으로 코를 그린다.
3. 호떡 중앙에 초코펜을 한두 방울 묻혀 마시멜로를 붙인다.
4. 초코펜 갈색으로 호떡 위에 손을 그리고 완성된 모양을 팬에 올려 살짝 데워 먹는다.

뱅쇼

쌀쌀한 날, 캠핑의 낭만을 더해줄 따뜻한 뱅쇼 한 잔 어떠세요?
감기 예방은 물론, 몸을 속부터 따뜻하게 데워주는 최고의 음료예요.
만드는 과정 자체가 캠핑의 분위기를 한층 끌어올려 더 매력적이죠.
와인의 종류에 따라 당도가 달라질 수 있으니, 올리고당이나 꿀은 취향껏 조절하세요.
오렌지와 레몬은 끓일 때 모두 넣기보다, 일부는 따로 남겨두었다가
잔에 따라 낼 때 하나씩 띄워주면 보기도 좋고 향도 더 풍부해져요.
여기에 시나몬 스틱 하나 더하면 은은한 향이 퍼지며,
추위를 잊게 해 줄 완벽한 한 잔이 완성됩니다.
따뜻한 뱅쇼와 함께 캠핑의 여유를 깊이 만끽해 보세요.

레드와인 1병
사과 1개
레몬 ½개
오렌지 1.5개
시나몬 스틱 2개
정향 3~4개
팔각 2~3개(선택)
월계수 잎 2~3장
꿀 또는 올리고당 2큰술

곁들임
오렌지 ½개
레몬 ½개
시나몬 스틱

Recipe

1. 깨끗하게 씻은 사과, 레몬, 오렌지를 적당한 크기로 자른다.
2. 냄비에 와인 한 병과 곁들임 재료를 제외한 모든 재료를 넣고 약불에서 30분간 끓인다.
3. 곁들임으로 준비한 오렌지와 레몬을 얇게 썬다.
4. 잔에 뱅쇼를 따르고 오렌지와 레몬 슬라이스, 시나몬 스틱을 넣어 마신다.

스모어 쿠키

마시멜로
딸기 3~4개
초콜릿
로터스쿠키 또는 참크래커
나무 꼬치 4~5개 (나무젓가락 대체 가능)
파인애플 캔 1개
고체 연료 1개
빈 맥주캔 1
좋아하는 스티커

시애틀의 빈티지 산장 콘셉트 펍, '마운티니어 클럽'에서 아주 특별한 디저트를 만났어요. 바로, 직접 구워 먹는 스모어 캔 키트였죠. 마치 소꿉놀이하듯 굽고 조립하며 즐길 수 있어 정말 인상 깊었어요. 보통 캠핑이나 불멍을 하며 마시멜로를 굽지만, 바람이 많이 불거나 비 오는 날엔 쉽지 않잖아요. 그래서 실내에서도 간편하게 즐길 방법이 없을까 찾아보다가 이 아이디어에 반했답니다.

Recipe

1. 파인애플 캔의 라벨을 벗기고 씻는다.
2. 맥주캔을 $1/3$ 크기로 잘라서 고체연료를 넣고 파인애플 캔에 넣는다.
3. 마시멜로를 나무 꼬치에 끼워 타지 않게 굽는다.
4. 크래커에 구운 마시멜로를 올린 뒤 딸기, 초콜릿 등을 토핑한다.

Tip 마시멜로를 끼울 때 열이 전도되는 스테인리스 젓가락은 추천하지 않아요. 티라이트 캔들 사용 시 향이 없는 캔들을 사용하는 게 좋아요.

딸기 산타

크리스마스 캠핑 분위기를 화사하게 연출하는 사랑스러운 비주얼! 생크림 휘핑이 번거롭다면 가까운 빵집에서 구매하고, 짤주머니가 없다면 위생 팩을 활용해 간편하게 만들 수 있어요. 산타의 눈을 만들 때는 흰깨보다 검은깨나 초코펜을 추천해요. 작은 차이지만, 귀여운 산타가 예상치 못한 모습이 될 수 있어요!

딸기
생크림
초코펜 또는 검은깨

Recipe

1. 딸기는 아래로부터 ⅔지점을 잘라 산타의 몸통과 머리(모자) 부분으로 나눈다.
2. 생크림은 짤주머니에 넣고, 초코펜은 따뜻한 물에 녹인다.
3. 산타의 몸통 위에 생크림(얼굴)을 가득 짜 올리고 모자를 얹은 뒤 생크림을 콕 찍어 모자 방울을 만든다.
4. 얼굴에 초코펜을 콕콕 찍어 눈을 그린다. 또는 이쑤시개 끝에 물을 살짝 발라 검은깨를 콕 집어 붙인다.

깜바리 토마토 미니 카프레제

깜바리 토마토 8개
부라타치즈 100g
베이비 루콜라 10g
발사믹 글레이즈
올리브오일 또는 트뤼프 오일
소금 약간

별다른 조리 없이도 손쉽게 만들 수 있는 미니 카프레제. 깜바리 토마토는 일반 토마토보다 작고 방울토마토보다는 커서 핑거푸드로 즐기기에 좋아요. 반으로 자르거나 꼭지 부분을 넓게 잘라 속을 채우면 깔끔하게 연출할 수 있습니다. 부라타치즈가 없으면 모차렐라 치즈를 작게 조각내어 올려도 좋아요.

Recipe

1. 깜바리 토마토를 깨끗이 씻어 물기를 제거하고 이등분한다.
2. 부라타치즈 속 부드러운 부분을 토마토 위에 올린다.
3. 베이비 루콜라를 잘라 치즈 위에 얹는다.
4. 올리브유와 발사믹 글레이즈를 두르고 약간의 소금을 뿌린다.

버라이어티 샐러드

 2~3인분

삶은 달걀 3개
무화과 4~5개 (또는 제철 과일)
세라노 하몽 80g
샤인머스캣 1/3송이
샐러드 채소 50g
그라나파다노치즈 20g
리코타치즈 150g

드레싱

올리브오일 5큰술
레몬즙 2큰술
홀그레인 머스터드
꿀 1큰술
타임잎 3~4개

캠핑 요리의 매력은 화려한 불맛과 든든한 한 끼에 있지만, 그 속에서 균형을 잡아주는 감초 같은 메뉴도 필요해요. 활동량이 많은 캠핑에서는 주로 고열량의 무거운 음식이 많아지기 마련인데, 이럴 때 가볍고 상큼한 샐러드 한 접시는 입맛을 돋우는 완벽한 조연이 되어줍니다.

부드럽고 풍미가 진한 바비큐도 계속 먹다 보면 느끼해질 수 있잖아요? 그럴 때 버라이어티 샐러드를 곁들여 보세요. 신선한 채소 위에 제철 과일, 짭짤한 하몽, 고소한 달걀을 더하면 맛과 균형을 모두 갖춘 한 접시가 완성됩니다.

홀그레인 머스터드 드레싱을 곁들이면 감칠맛이 살아나면서도 산뜻하게 즐길 수 있어요. 무화과와 샤인머스캣은 하몽과 특히 잘 어울리는 조합이고, 무화과가 없는 계절엔 딸기, 멜론, 바나나, 반건시 등으로 대체해도 훌륭한 맛을 낼 수 있답니다.

Recipe

1. 삶은 달걀은 모양대로 얇게 썰고 무화과는 껍질을 벗겨 4등분, 샤인머스캣은 이등분한다.
2. 샐러드 채소를 접시에 펼쳐 담은 뒤 달걀과 과일을 올리고 리코타치즈, 세라노 하몽을 얹는다.
3. 그라나파다노치즈를 갈아서 소스 재료와 함께 소스 볼에 섞어서 고르게 뿌린다.

Spring
봄 캠핑 명소
Moonstar's Pick

바다 한가운데 단 한 사람이 지키는 섬, 황도 노지 캠핑

캠핑스타일
백패킹

위치
충남 보령시 오천면
외연도 1길 166-1
대천항에서 50km
떨어진 곳

40여 년간 무인도로 남아 있던 이 곳은 2013년부터 단 한 사람, 황도 이장님이 터를 잡고 살아가는 곳이다. 황도를 방문하려면 유튜브로 이장님께 연락을 취해야 한다. 허락을 받고 대천항에서 배를 빌려 약 두 시간을 달리면 드넓은 바다 위에 외따로 떠 있는 황도에 닿는다. 섬에 발을 디디면 가장 먼저 반겨주는 것은 이장님의 반려견 '황도'와 '달래'. 그들의 환영을 받으며 본격적인 무인도 체험이 시작된다.

섬 주변에서는 낚시를 하거나 섭과 거북손을 채집할 수 있다. 직접 잡아 온 생선을 손질해 매운탕을 끓이는 과정은 색다른 도전이자 짜릿한 경험이다. 손맛 가득한 저녁 한 상이 차려질 때쯤이면 섬을 감싸는 바다의 코발트 빛이 저물어 간다.

황도는 바다만큼이나 숲도 매력적이다. 오랜 세월을 견디며 자라난 나무들이 만들어낸 자연경관은 압도적인 힘을 지닌다. 문명의 소음에서 벗어나 바람 소리와 파도 소리만이 귓가를 맴도는 곳. 친구들과 함께했던 황도에서의 하룻밤은 캠핑을 해보지 않았다면 알지 못했을 소중한 추억이다.

Moonstar's Pick ; Best camping spots

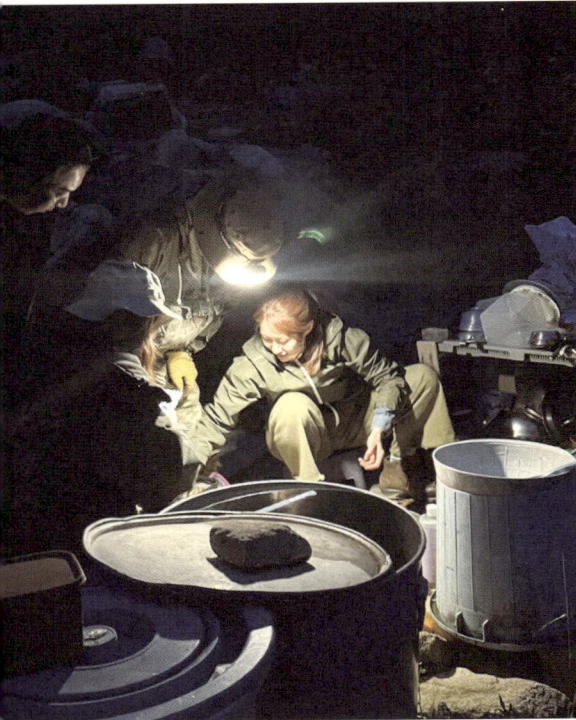

Spring

낙조가 일품인 서해 오션뷰 캠핑,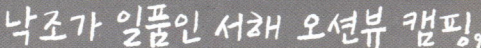
태안 별쌍금펜션

캠핑스타일
오토캠핑

위치
충남 태안군 이원면 원이로 2771-264

특징
바닷가 바로 앞 캠핑장

장비
텐트_ TFS 요토플러스 70D
화로대_ DOD
의자_ 론체어
테이블_ 하이드오프

서해의 드넓은 바다를 마주하며 멋진 오션뷰와 황홀한 일몰을 감상할 수 있는 캠핑장. 특히 낙조가 아름답기로 유명한 이곳은 자연 속에서 여유를 만끽하기에 최적의 장소다. 캠핑장 옆 산책로를 따라 내려가면 신비로운 전설이 깃든 용난굴을 만날 수 있다. 용이 승천했다는 이 동굴은 만조 시간을 피하면 직접 들어가 소원을 빌 수 있는 특별한 경험을 선사한다.

물론 몇 가지 단점도 있다. 캠핑장에 별도의 경계가 없어 등산객과 트레킹을 즐기는 사람들이 자주 오가는 편이며, 시설이 다소 낙후되어 있고 편의시설이 부족하다. 하지만 자연경관을 감상하며 해변 길을 따라 걷거나, 해루질을 즐기기엔 더할 나위 없이 좋다.

3월 말~4월 초 이곳을 방문한다면, 꼭 맛봐야 할 별미가 있다. 지역 특산물인 실치회가 제철을 맞아 주변 식당에서 신선하게 제공된다. 여행의 마무리는 한 상 가득 차려진 실치회로 완벽해진다.

나는 이곳을 아이의 생일을 기념하기 위해 찾았다. 텐트 앞에서 케이크의 촛불을 켜는 순간, 야외에서만 느낄 수 있는 색다른 감동이 밀려왔다. 아이가 좋아하는 치즈 불닭과 LA 갈비로 저녁을 즐기고, 타오르는 모닥불 앞에서 가족과 함께 낙조를 바라보던 그 순간이 오래도록 기억에 남는다. 가족 캠핑의 매력은 단순히 여행을 넘어, 익숙해서 잊고 지냈던 서로의 소중함을 일깨워주는 데 있다.

대나무 숲을 지나 만나는 숨은 명소, 하동 벚꽃 캠핑

캠핑스타일
백패킹

위치
경남 하동군 악양면 평사리
85-5 평사리 공원 야영장
인근 섬진강변

평사리 공원 야영장에서 대나무 숲길을 따라 데크 길을 걷다 보면 나오는 이곳은 벚꽃 개화 시기에 맞춰 방문하면 더욱 아름답다.

꽃잎이 흩날리는 봄날, 대나무 숲과 벚꽃길이 선물하는 감성 캠핑을 놓치지 말자.

Spring

야생화와 돌리네가 기다리는 힐링 산행,
정선 민둥산

민둥산은 캠핑이 아닌 당일치기 등산으로 충분히 즐길 수 있다. 쉼터 주차장에 차를 세우고 꾸불꾸불한 산길을 따라 오르다 보면, 비교적 완만한 오르막길이 정상석까지 이어진다. 무엇보다 정상에 가까워질수록 시선을 사로잡는 풍경이 있다. 정상석을 지나 펼쳐지는 원형 돌리네. 카르스트 지형 특유의 오목한 웅덩이에 맑은 물이 고여 마치 자연이 만든 연못 같다. 사방이 탁 트인 능선 위에 자리한 이 돌리네는 어디에서도 쉽게 볼 수 없는 민둥산만의 특별한 풍경이다.

우리는 정상석 아래 넓고 평평한 자리에 텐트를 펼치고 작은 베이스캠프도 차렸다. 민둥산 능선이 모두 우리 앞마당처럼 느껴졌다. 함께한 친구, 그리고 반려견 단비와 새벽부터 돌리네 주변을 뛰어다니며 맞이한 일출은 잊지 못할 추억이 되었다. 짧은 코스지만 숨이 턱까지 차올랐던 오름길, 그리고 정상에서 만난 석양과 야생화 너머로 떠오르던 찬란한 일출. 그 순간의 감동이 커서, 지인들에게 늘 추천하는 곳이다.

민둥산은 그늘이 거의 없다. 한여름은 피하고, 발 편한 러닝화보다 등산화를 추천한다. 초보 코스라고 만만하게 봤다가는 발에 무리가 가서 짐까지 친구에게 맡겨야 할지도 모른다. (실제 경험담!)

산행의 마무리는 거북이 쉼터에서 즐긴 시원한 음료 한 잔과 라면, 그리고 향긋한 곤드레전. 피곤한 몸을 녹여준 이 한 끼는, 입으로 먹었는지 코로 먹었는지 모를 정도로 꿀맛이었다. 이 맛을 보기 위해서라도 민둥산은 언제든 또 오고 싶은 곳이다.

캠핑스타일 백패킹 (정선 군청에 가능 여부 확인 후 방문) **위치** 강원 정선군 남면 억새꽃길 296
특징 화기 사용·취사 금지/발열 식품 및 발열팩 사용 권장/쓰레기 수거 및 자리 정리 필수

Spring

후지산 아래 감성 캠핑의 성지, 고아웃 재팬

일본의 대표 아웃도어&라이프스타일 매거진 〈고아웃GO OUT〉이 주최하는 대규모 야외 축제, '고아웃 잼버리GO OUT JAMBOREE'. 매년 후지산이 보이는 시즈오카의 후모톳바라 캠핑장에서 열리는 이 행사는 캠핑과 음악, 다양한 아웃도어 액티비티가 어우러진 일본 최대 규모의 아웃도어 페스티벌이다. 현지인만 티켓을 구매할 수 있다는 점이 아쉽지만 방법이 아예 없는 건 아니다.

- 일본 티켓 대행 서비스 이용
- 티켓 포함 패키지 투어 예약
- 한국 인터파크의 위탁 판매

이번 여행은 일본에서 캠핑 경험이 많은 부산 친구 덕분에 성사됐다. 가족들과 행사에 참여할 예정이라며 함께 가지 않겠냐는 친구의 제안에 주저 없이 비행기 표를 끊고 일본에서 친구 가족과 합류했다. 렌터카를 타고 캠핑장으로 이동하는 길, 창밖으로 펼쳐진 후지산은 기대 이상으로 웅장했다. 캠핑 내내 그 풍경을 마주할 생각에 설렘이 가득했지만 현실은 뜻밖이었다. 도착과 동시에 예약한 자리에 텐트를 치고 자리를 잡았지만 그 뒤로 2박 3일 동안 후지산은 단 한 번도 모습을 드러내지 않았다. 흐린 하늘과 내리는 빗속에서 즐겨야 했던 '고아웃 잼버리'는 내 기대와는 달랐지만, 그래서 더 애틋하고 기억에 남는 캠핑이다.

비가 와도, 흐린 날씨여도 축제는 멈추지 않는다. 드넓은 잔디밭에 펼쳐진 일본 캠퍼들의 개성 넘치는 텐트와 감성 가득한 세팅은 그 자체로 하나의 전시회 같다. 평소 눈여겨봤던 브랜드의 캠핑 아이템도 직접 보고, 현장에서 바로 쇼핑까지 가능했다. 감미로운 음악과 흥겨운 라이브 공연이 이어져, 시간은 정말 순식간에 흘렀다. 오는 길에 들렀던 마트에서 사온 재료들로 하나씩 요리를 만들어 먹는 시간도 특별했다. 비를 피해 타프 아래 모여 앉아 따끈한 요리를 나눠 먹는 순간, 이것이야말로 캠핑의 묘미라는 생각이 들었다.

캠핑을 마친 후 찾은 후모톳바라 인근 온천은 힐링 그 자체였다. 뜨끈한 물에 몸을 담그니, 쌓였던 피로가 스르르 풀리며 상쾌함이 밀려왔다.

'고아웃 잼버리'는 단순한 캠핑 페스티벌이 아니다. 일본만의 독특한 캠핑 문화와 감성, 그리고 날씨마저 추억으로 바꿔버리는 자연의 힘까지 더해져 잊지 못할 추억을 선물한다.

캠핑스타일 미니멀 오토캠핑
위치 일본 후모톳바라 캠핑장
특징 후지산을 볼 수 있는 캠핑장
장비 텐트_ 럭스 아웃도어 메가혼 티피 텐트, 부시랩 화로대

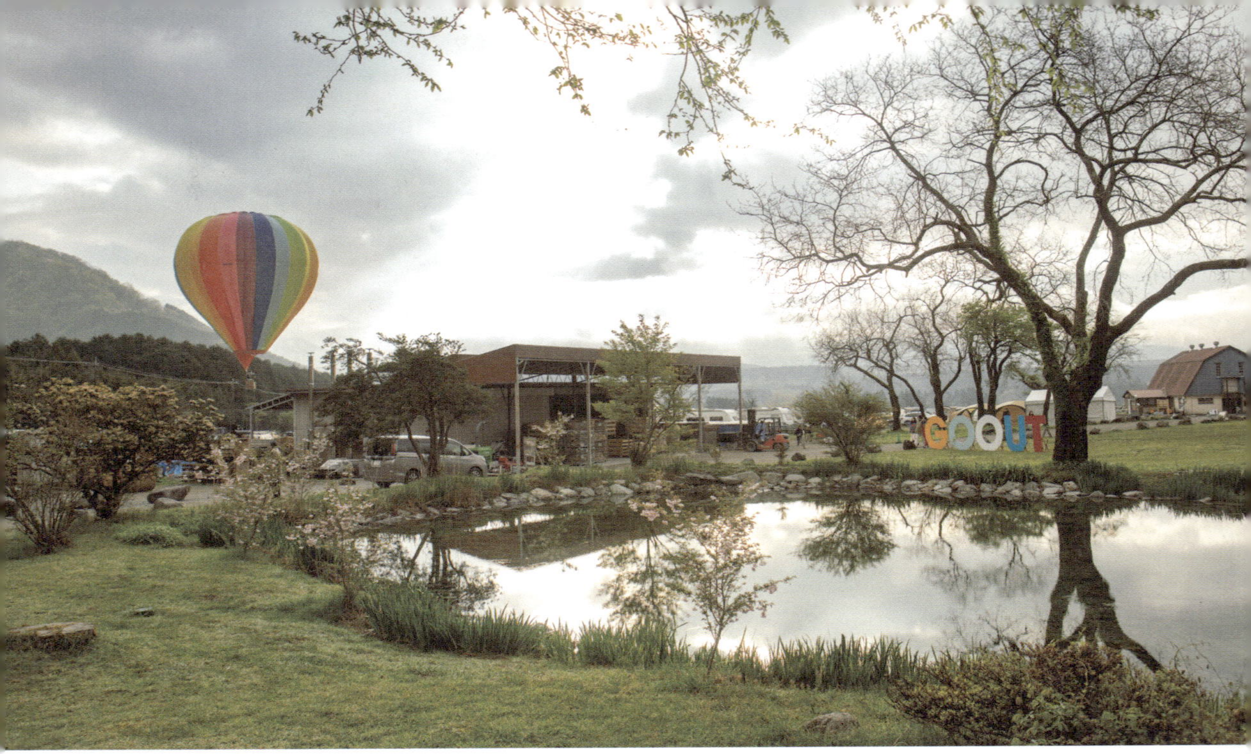
GOOUT

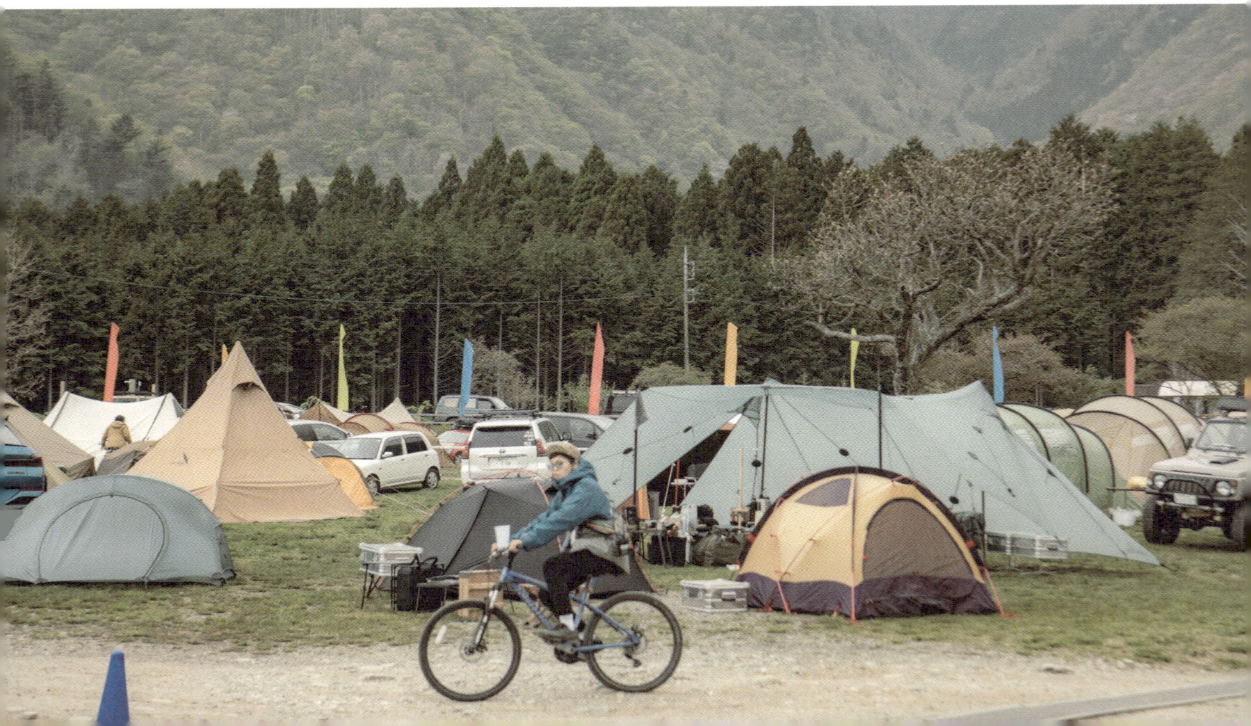

숲과 바다가 공존하는 곳, 태안 석갱이 캠핑장

캠핑스타일
오토캠핑

위치
충청남도 태안군 원북면
황촌리 800-113

캠핑장 정보
태안 구례포 해수욕장
010-6787-0455

울창한 소나무 숲 한가운데 자리 잡은 석갱이 캠핑장. 텐트를 펼치는 순간, 마치 깊은 원시림 속으로 들어온 듯한 기분이다. 인위적인 손길을 최소화한 네추럴 감성 덕분에 자연과 하나 되는 힐링 캠핑이 시작된다.

게다가 이곳의 특별함은 한 가지 더 있다. 캠핑장 바로 앞에 펼쳐진 시원한 해수욕장. 아침에는 숲속 산책, 낮에는 바다에서 물놀이와 갯벌 체험까지, 숲과 바다를 한 번에 즐길 수 있는 최고의 입지 덕분에 아이들과 함께 오기에도 안성맞춤이다.

비 오는 날의 석갱이 캠핑장은 또 다른 매력을 선사한다. 솔잎을 두드리는 빗방울 소리, 짙어진 숲의 향기, 텐트 안으로 스며드는 자연의 공기, 빗소리가 음악처럼 흐르고 숲이 만들어내는 고즈넉한 분위기가 캠핑의 낭만을 더한다.

날씨마저 자연의 일부로 끌어안는 이곳 석갱이 캠핑장에서라면 맑은 날은 맑아서, 비 오는 날은 비가 와서 더 좋은, 진짜 자연 캠핑의 매력을 온몸으로 느낄 수 있다.

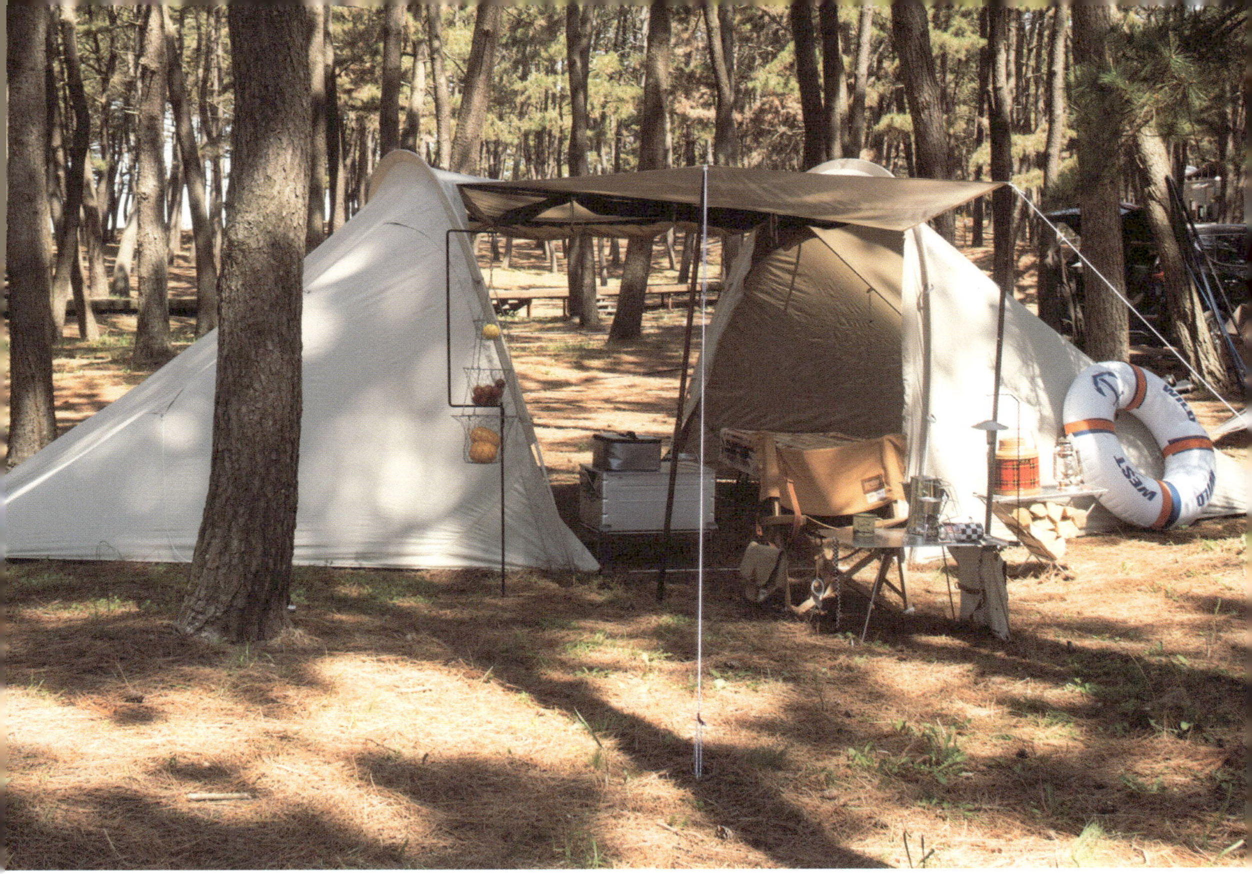

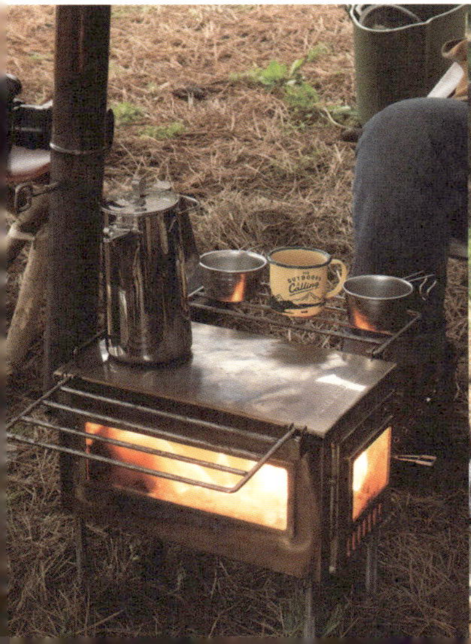

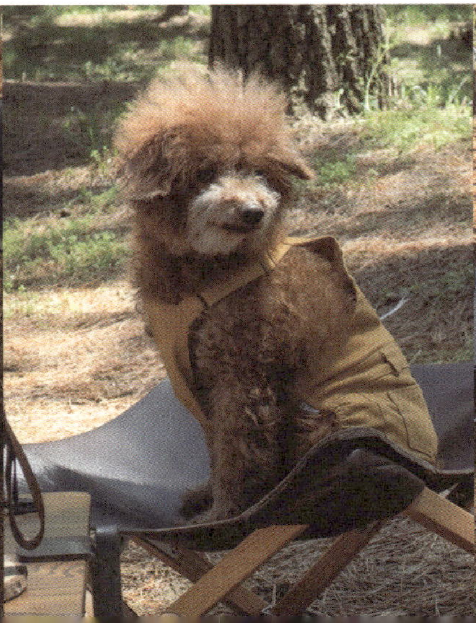

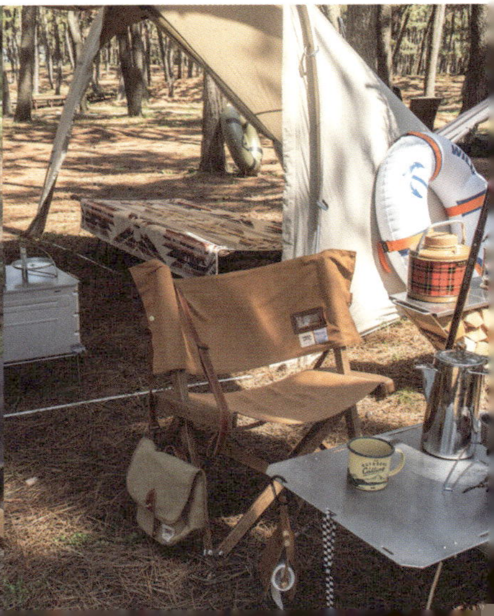

반려견과 함께 떠나는 숲속 캠핑, 남양주 햇살가득 캠핑장

캠핑스타일
미니멀 오토캠핑

위치
경기 남양주시 수동면
비룡로1742번길 36-104

특징
숲속에서 계곡을 즐기고
반려견들이 오프리쉬를 하며
캠핑을 즐길 수 있는 곳

갑자기 캠핑 번개가 잡혔을 때 서울에서 멀지 않으면서도 숲과 계곡이 어우러진 곳을 찾다가 발견한 햇살가득 캠핑장. 이름처럼 따스한 햇살이 내려앉는 이곳은, 무엇보다 반려견 동반 캠퍼들을 위한 특별한 공간이라는 점이 매력적이다.

일반적인 '반려견 동반 가능' 캠핑장이 아니라, 반려견이 있어야만 입장 가능한 곳. 덕분에 현장에서 자연스럽게 강아지 친구들을 만나 교감하고 함께 어울릴 수 있다. 특히 반려견 전용 오프리쉬 공간이 마련되어 있어 맘껏 뛰어놀기에도 안성맞춤이다.

다만, 자연 친화적 숲속 캠핑장인 만큼 사이트로 가는 길은 제법 경사가 있다. 무거운 캠핑 장비를 끌고 올라가기엔 조금 고생스러울 수 있으니, 짐은 최소한으로 준비하는 센스가 필요하다.

한 가지 알아둘 점! 강아지 친구들이 모이면, 한 마리가 짖을 때 연쇄 반응이 일어나는 건 자연스러운 일. 서로 이해하고 배려하는 캠퍼들의 매너가 더해질 때, 비로소 사람도 반려견도 모두 즐거운 캠핑이 완성된다.

숨겨진 여름 명당, 울산 주암산 계곡 노지

캠핑스타일
백패킹

위치
울산 울주군 상북면
배내주암길 108-1
배내골 주암주차장

캠핑이 취미가 된 후 수많은 곳을 다녔지만 이곳 캠핑은 단순한 여행을 넘어, 혼자였다면 결코 누릴 수 없었던 특별한 시간이었다.

서울에서 기차를 타고 울산역에 도착하자 반가운 얼굴이 먼저 손을 흔들었다. 캠핑을 통해 인연을 맺은 경남 친구들이 함께하는 여름 모임. 목적지는 배내골 깊숙이 숨겨진 보물 같은 주암산 계곡이다.

친구 차로 구불구불한 산길을 달려 도착한 주암산 주차장. 배낭을 메고 숲길을 따라 걷는 길마저 설렘으로 가득했다. 더 반가웠던 건, 전날 먼저 도착해 최고의 명당을 맡아둔 친구들이었다. 덕분에 울창한 숲과 청정 계곡물이 우리만의 앞마당이 되었다.

발끝에 닿는 계곡물의 짜릿한 시원함, 나무 그늘에서 불어오는 바람, 그리고 하늘 사이로 쏟아지는 여름 햇살까지. 자연이 준비한 최고의 무대에서, 우리는 웃고 먹고 이야기 나눴다.

캠핑의 즐거움은 풍경만이 아니라 함께하는 사람들의 배려와 따뜻함으로 완성된다는 걸 깨달은 소중한 시간이었다.

Fall

지경리에서 펼쳐진 우리만의 계절 캠핑, 경주 지경리 마을

캠핑스타일
미니멀 오토캠핑

위치
지경 마을회관
경북 경주시 양남면
지경길 35

특징
경주 지경리 마을회관에 주차를 한 뒤, 해변길 따라 걸으면 나오는 동굴이 유명한 지경리 해변

캠핑의 매력을 알려준 부산 친구 덕분에, 이제는 계절마다 함께 떠나는 분기별 캠핑이 우리만의 작은 전통이 됐다. 서로 취향과 스타일이 찰떡처럼 잘 맞아 자주 가고 싶지만, 거리라는 현실적 문제 때문에 번갈아 가며 서로의 지역에서 함께 캠핑을 즐긴다.

친구의 강력 추천으로 떠난 경주 지경리 마을. 아기자기한 풍경과 평화로운 분위기가 마을을 감싸고, 몽돌 해변과 모래사장이 나란히 펼쳐지는 지경리 해변이 압권이다.

몽돌 해변에서 좋아하는 캠핑 장비들로 정성스럽게 세팅하고 바다를 보며 저녁을 먹는 시간은 그야말로 힐링 그 자체. 파도 소리를 배경 삼아 이런저런 이야기를 나누다 모래사장으로 자리를 옮겨 텐트를 세웠다. 아침이 되어 텐트 문을 열자마자 눈앞에 펼쳐진 일출은 피로한 긴 운전마저 단번에 잊게 해주는 절경이었다.

반려견과 함께였기에 더 특별했던 이날의 하루는 단순한 캠핑을 넘어, 계절마다 꺼내보고 싶은 선물 같은 추억이다.

저물어 가는 밤 작은 캠프파이어 옆에서 우리는 각자의 인생 이야기를 나누었다.

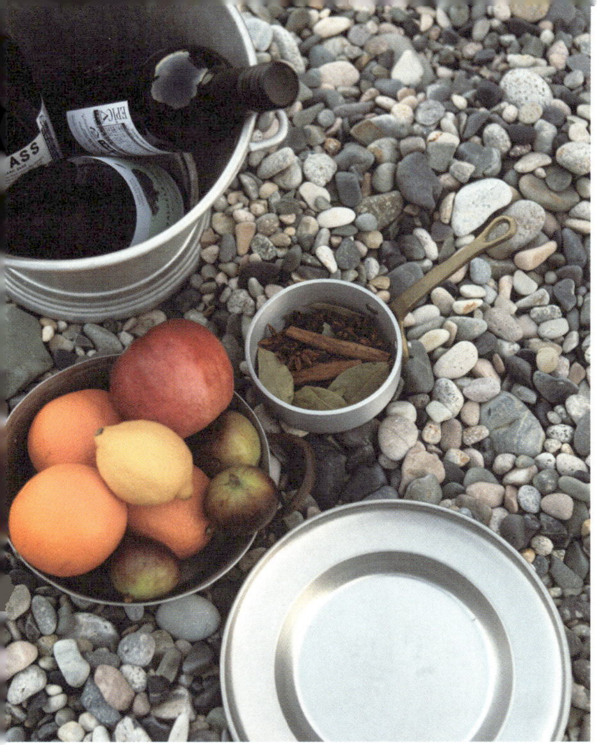
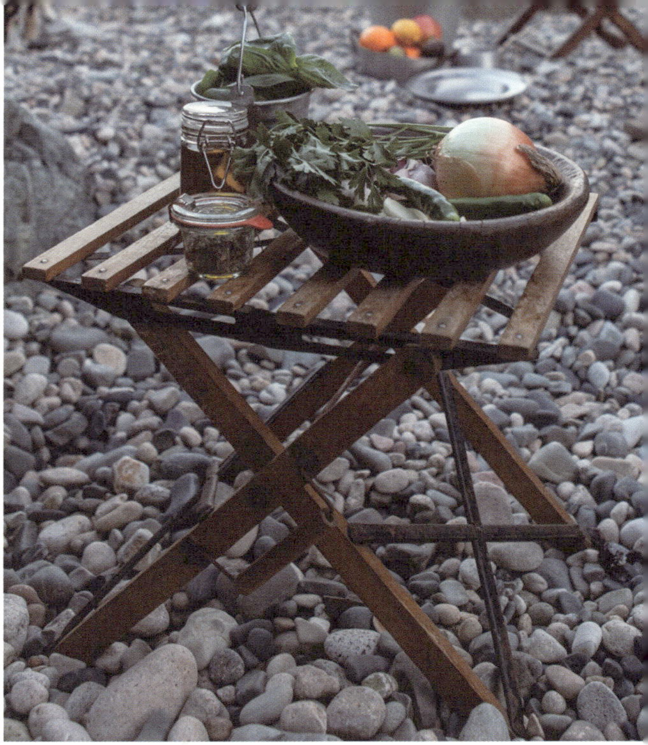
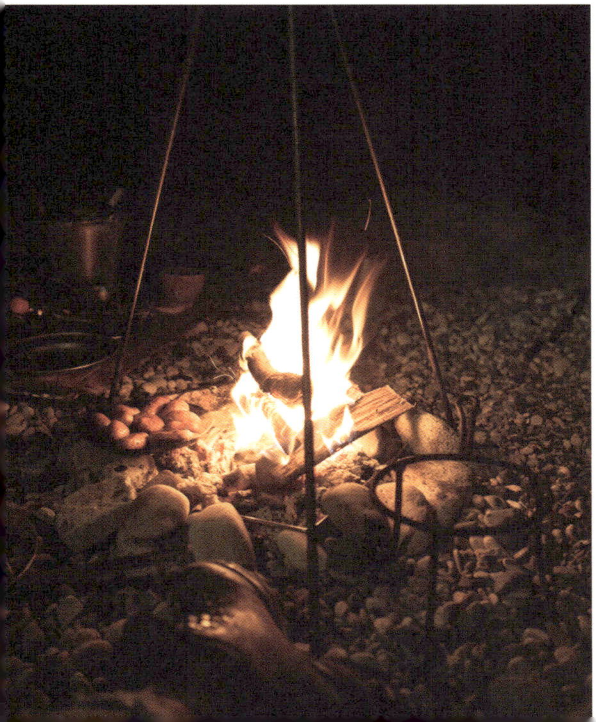
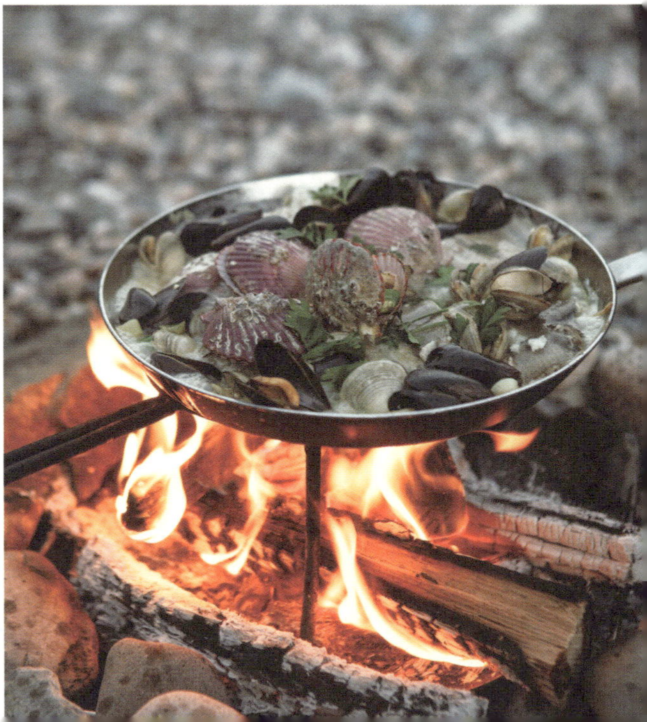

숲과 호수 사이, 자연을 품은 힐링 스폿,
포천 아버지의 숲

캠핑스타일
오토캠핑

위치
경기 포천시 영북면
산정호수로 558-1

경기도 포천 아버지의 숲 캠핑장은 이름처럼 자연의 품에 폭 안긴 힐링 공간이다. 바로 옆엔 고즈넉한 산정호수가 자리하고, 계단식으로 배치된 사이트 덕분에 옆 텐트 시선 걱정 없이 나만의 프라이빗한 시간을 보낼 수 있다.

특히 숲속 캠핑 특유의 싱그러운 공기와 자연 그대로의 풍경은 이곳의 가장 큰 매력이다. 캠핑장 바로 옆 계곡과 메타세쿼이아길을 따라 걷는 산책로는 사계절 내내 그림처럼 아름답다. 특히 가을이면 단풍으로 물든 숲속 풍경이 감탄을 자아낸다.

자연 친화적 캠핑장일수록 시설이 불편한 경우가 많은데, 아버지의 숲은 의외로 편의시설 관리가 깔끔하다. 샤워실, 개수대, 냉장고, 전자레인지까지 알차게 갖춰져 있어 캠핑 초보자에게도 이상적이다.

단점이라면 가격대가 조금 높은 것. 하지만 이 정도 자연 속 힐링과 편의시설까지 갖춘 곳이라면 그 값어치는 충분하다.

바람꽃이 피고 붉배가 물드는 섬, 풍도

캠핑스타일
백패킹

위치
경기 안산시 단원구 풍도동

특징
노을 명소
해안 절벽
붉배
백패킹

서해의 품속에 숨겨진 작고 고요한 섬, 풍도. 자연의 숨결을 고스란히 간직한 이곳은 희귀식물들의 보고이자 '풍도바람꽃'이라는 특별한 이름을 가진 꽃이 피어나는 섬이다. 3월에서 4월, 바람꽃이 섬을 하얗게 물들이는 계절이면 풍도는 마치 살아있는 한 폭의 수채화가 된다.

섬으로 향하는 길은 방아머리 선착장에서 출발하는 배편으로 시작된다. 1시간 30분의 항해 끝에 풍도에 도착하면 붉배(붉은색의 암석층이 노출된 해안 절벽)까지 이어지는 30분의 트레킹이 기다린다. 붉배와 노을, 억새와 텐트가 어우러진 풍경은 영화의 한 장면 같다.

풍도는 백패킹을 처음 도전한 나와 친구에게 특별한 장소로 기억된다. 배를 타고 가는 여정부터 섬에 도착해 붉배로 향하는 해안도로, 텐트를 치는 순간, 좋았던 날씨까지 단순한 캠핑을 넘어 도전과 용기, 행복과 감사를 느끼게 해준 곳이다.

화장실과 샤워실 관리도 잘 되어 있어 자연 속 불편함에 대한 걱정을 덜 수 있는 것도 풍도의 매력이다. 서울에서 멀지 않아 문득 일상 탈출이 필요할 때 훌쩍 다녀오길 추천한다.

* 풍도로 들어가는 배는 하루이틀 전 선착장에 꼭 문의하고 방문할 것.

서울 근교로 일상 탈출, 팔현 캠프

캠핑스타일
백패킹 또는 오토캠핑

위치
경기 남양주시 오남읍
팔현로175번길 264

남양주 천마산에 자리한 이 캠핑장은 울창한 잣나무와 소나무 숲속에 숨겨진 진정한 자연의 보석이다. 오래전부터 캠퍼들 사이에서 전설처럼 전해지던 곳으로 몇 년간 문을 닫았다가 최근 리뉴얼을 거쳐 다시 개방되었다.

팔현 캠프는 서울 인근에서 쉽게 찾을 수 없는, 자연 그대로의 야생 숲을 자랑한다. 오지처럼 한적해 그 안에 들어서면 온전히 자연에 몸을 맡긴 기분이 든다. 울창한 나무들 사이로 피톤치드 향이 가득하고, 계절마다 변하는 숲의 풍경은 사계절 언제 와도 신비롭다.

백패킹, 오토캠핑은 물론 도심을 벗어나 잠시 자연에 기대고 싶을 때 가벼운 피크닉 장소로도 추천한다. 여유를 느끼고 싶다면 주말보다 비교적 사람이 적은 평일이나 이른 아침 시간에 오길 추천한다.

울창한 나무들 사이로 피톤치드 향이 가득하고, 계절마다 변하는 숲의 풍경은 사계절 언제 와도 신비롭다.

Winter

숲속 힐링 공간, 장성 편백힐 치유의 숲 야영장

캠핑스타일
웨스턴 스타일

위치
전남 장성군 북하면
하남실길 212
편백힐 치유의 숲

캠핑장 정보
자연 친화적인 야영장

축령산의 울창한 편백 숲속에 자리한 편백힐 치유의 숲 야영장은 자연과 하나 되기에 완벽한 공간이다. 피톤치드 가득한 공기를 마시며, 소음 없이 고요하게 시간을 보낼 수 있다. 친환경 설계로 최소한의 시설만 갖춘 이 캠핑장은 자연을 최대한 보전하면서도 편안한 휴식을 제공한다. 산책로를 따라 트레킹을 즐기며 도심을 떠나 진정한 재충전을 원하는 이들에게도 이상적인 곳이다.

내게는 부산 친구와 함께여서 더 특별했다. 겨울의 편백 숲은 흰 눈으로 덮여 마치 동화 속 한 장면처럼 아름다웠고, 우리가 만든 오두막 같은 텐트와 벽난로 앞에서 나눈 따뜻한 대화는 진한 우정과 추억을 남겼다. 빈티지 웨스턴 감성으로 세팅한 캠핑장, 따뜻한 뱅쇼와 요리가 함께했던 완벽한 순간은 이곳에서만 가능한 매력적인 경험이었다.

빈티지 웨스턴 감성으로 세팅한 캠핑장, 따뜻한 밥 한 솥과 요리가 함께했던 완벽한 순간.

Winter

자작나무 숲 설중의 매력, 인제 오아시스정글

캠핑스타일
오토캠핑

위치
강원 인제군 인제읍
필레약수길 84-10

캠핑장 정보
온천, 다양한 액티비티
맛있는 식사 판매

설악산 서북 능선, 백두대간 속에 자리한 자작나무 캠핑장. 사계절 내내 매력적인 자연을 자랑하는 이곳은 겨울, 눈 덮인 자작나무 숲 캠핑이 특별하다. 차를 주차한 뒤 30m 정도 이동해 텐트를 세우면 그곳에서만 느낄 수 있는 아름다운 풍경이 기다린다.

눈 내리는 겨울에는 온천 쿠폰으로 피로를 풀고 캠핑장에서 판매하는 치킨과 간단한 안주로 한 끼를 즐기기 좋다. 아이들과 함께라면 액티비티도 풍성해 지루할 틈이 없다. 자작나무 숲길을 따라 내려가면 작은 계곡도 있어 자연이 준비한 놀이가 가득하다.

하지만 진짜 캠핑의 맛은 예측 불가한 순간들에 있다. 영하 13도의 추위 속에 홀로 이곳을 찾은 나는 차가 도랑에 빠지는 바람에 삽으로 흙을 파내는 고난을 겪어야 했다. 고생 끝에 만난 설경과 와인 한 잔, 그 위에 소복이 쌓인 눈을 안주 삼아 씹던 샐러드 셔벗의 기억은 아슬아슬하면서도 잊을 수 없는 한 편의 영화 같은 장면으로 각인되었다.

진짜 캠핑의 맛은 예측 불가한 순간들에 있다.
고생 끝에 만난 설경과 와인 한 잔.

문스타 캠핑테이블

ⓒ 문희정 2025

초판 1쇄 인쇄　2025년 4월 25일
초판 1쇄 발행　2025년 5월 7일

지은이 | 문희정
발행인 | 장인형
임프린트 대표 | 노영현

요리·사진 | 문희정

펴낸 곳 | 틔움출판
출판등록 제395-251002009000057호
주소 경기 고양시 덕양구 청초로 66 덕은리버워크 A동 2003호
전화 02-6409-9585
팩스 0505-508-0248
이메일 dadokbooks@naver.com

ISBN 979-11-91528-28-2 13590

잘못된 책은 구입한 곳에서 바꾸실 수 있습니다.
다독다독은 틔움출판의 임프린트입니다.

Thanks to

―――

캠핑의 세계로 이끌어준 나의 사뿐
캠핑 친구들
쥬니
하윤
단비
시뇨
성진이
부시랩 초부
와와웨 민규
라마
폴캠
별먼지
그린퍼센트 민우
헌터
모나코
민주
혜지
가경
밴지
태희
뭉쎄
폴팜
샛별
커뮤니티 부시크래프트 비주얼